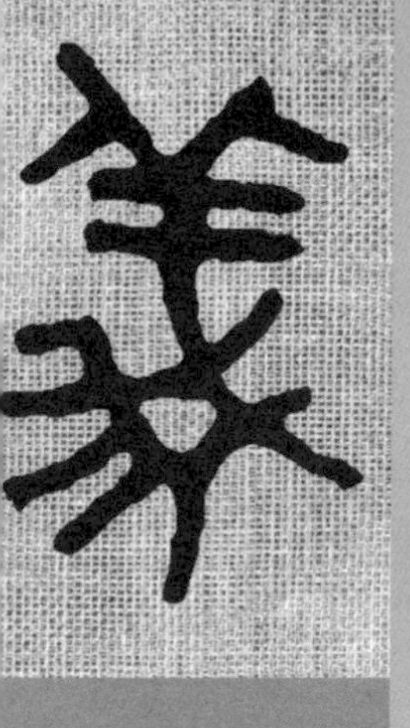

中華文化基本讀本——孟子

孫文學校◎編著

序：學習做個君子

隨著台灣的民主化，歷史、文化、思想教育也發生了顛覆性的巨大變化。經過三十年從量變到質變的過程，現在國人應已了解，這股以「自由化」、「多元」爲名的教育改革浪潮，其眞正的本質是要「去中華民國化」、「去中國史化」、「去中華文化」、「去立國思想化」的政治運動。

孫文學校將出版「松、竹、梅、蘭」文史哲叢書，分別爲《本國史基本讀本》（松）、《中華文化基本讀本》（竹）、《孫文思想基本讀本》（梅）、《台灣史基本讀本》（蘭）四套書，填補台灣已經逐漸失去的中華歷史觀、中華文化觀與立國思想，以期留下不致消亡的火種。

《中華文化基本讀本》這套書，分爲三冊，包含了中華文化傳統中儒家、道家與佛教三個部分的最基本典籍。儒家部分以「四書」選讀爲基本，分爲兩冊，包括第一冊《論語》，第二冊《孟子》，內容包括《孟子》、《大學》、《中庸》。

「四書」在這個時代是存在爭議性的，批評者常說由於明清科舉就是以四書爲準，這是一種封建思想的殘存，也有人說四書會壓抑多元性的思想，但我們認爲無論如何，四書仍是最能傳達儒家思想，而且最爲基本的精華所在。能夠讀好四書，就足以掌握儒家的精義，並且熟習中國傳統的價值觀，這對涵養中國人的基本品格，絕對重要。

衆所周知，晚至宋代，「四書」才成爲經典。可見得並不因爲它們出於孔子或是儒家之手，就理所當然地被當成經典。應該說，直到學者們理解到，「四書」繼承並含括了「五經」這些原始的文化經典的核心價值，並且具有一種無可取代的關鍵作用，能夠帶領並引導中國這一文化體，進入完足的「道德倫理的意義世界」，到那時候，「四書」才被推崇而成爲經典，而且立刻在經典的階序中後來居上。

以「四書」作爲中華文化的基本教材，自然也不是爲了灌輸儒家的價值體系，而是要經由它來深刻認識中華文化的倫理思考，並與自身的生命進行對話，從而能自覺地辨識傳統文化裡的核心價值，看到傳統和現代的種種關聯。這一教育非但不希望壓抑多元性和現代性，相反地，我們認爲唯有在學好這種與「核心經典」對話的能力之後，才眞能學好其他的價值與文化，也才能眞正認識多元價值的可貴。這就像我們必須學好母語一樣，學好了母語，不但不會影響我們學習其他語言，而且還能幫助我們更好的學習外語。一位現代的中國人，當然有必要學習各種現代文化的內涵，但請大家務必了解，只有在對傳統文化有了比較深刻的認識後，我們才會更有能力去分辨其他文化的好壞呦烈，以及它們對我們的作用。這也是我們之所以要出版《中華文化基本讀本》的原因所在。

「四書」雖然代表了一個價值體系，但並不意味它只能與特定的歷史時空連結。其實，歷史上本來就沒有一個全然固定的儒家價值體系。如同孔子早就指出的：「殷因於夏禮，所損益可知也；周因於殷禮，所損益可知也；其或繼周者，雖百世可知也。」儒家價值歷代都有變化，今人對於過時的儒家價值，當然可以繼續因革損益，不必拘守。重要的是，只有當我們具備了與意義對話的能力，才眞的擁有進行「損益」的資格。如果沒有文化的根，人生猶如飄盪的浮萍，即使想把握住意義，也都將是空談。

如果有人說：「學了四書就不會變壞」，那我們只能說：「把它當句廣告詞吧！」這全然不是我們的主張。可是，無論曾有多少熟讀四書的壞蛋產生，都無法改變「四書」在中華文化的世界中，無可取代的教育功能。

中國傳統思想當然並不止於儒釋道這三家，然而對形塑中國人的價值觀、人生觀與最基本的文化意識而言，大概不出於這三家，我們可以這麼說，這三家思想就是代表我國傳統的「文化母語」，它們的重要性就如同我們每個人從小學習的母語一樣，沒有它們，我們其實是無法認識陪伴著我們的整體文化環境的。

《中華文化基本讀本》的第一、二冊儒家部分，乃是根據台灣目前最傑出的一群儒學研究者，以及一群有豐富經驗與學養的高中教師所編纂的教材略作修改補充而成。這套教材可能是歷來相關教材中最富創意與水準的作品，但在編成之後，一直沒有管道向外傳播，實在非常可惜。爲免珠玉橫遭委棄，我們特別取其精華，並不計成本代爲發行傳播，希望能讓這群可敬編者的苦心孤詣，爲世人所見，想他們也會樂於看到自己辛苦的耕耘，能夠在所有讀者心中開花結果！

《論語》、《孟子》兩書總共二十四個單元，是在同一個架構下設計的。而這個架構的基礎，是我們嘗試著將《四書》貫串起來的一項原則：君子之學。

「君子」這一課題，本來就是《論語》一書的主軸，更是孔子終身關懷與實踐的目標。孔門師弟子的所有討論與指點，幾乎都環繞著如何成就君子。對現代學生來說，「君子」這一名詞並不算流行，但君子的人格，其實還是他們容易感受，也可以納入生命實踐的典型。所謂君子，最基本的特質，就是胸懷坦蕩而懂得自重的人。只要喚起每個人的共鳴，打從心底願意眞正認識自己、看重自己並且引導自己，就足以成爲君子之學的開端。用這樣的主軸來認識《論語》，無疑是順適妥當的。基於這個考量，《論語》也自然要成爲本讀本的起點。

這個原則貫串到第二冊《孟子》時，適不適合呢？由於時代因素，孟子作為一位游士的領袖，周旋在列國的廟堂之上，經常以滔滔雄辯來勸說各國國君行使仁政，「君子」似乎並沒有成為他論述中一貫的主題。但是這個問題不難解決，事實上，宋明理學家早已為我們鋪平了這條路。他們指出，孟子關於人的本心與性善的啓發，乃是對孔子論「仁」的詮釋和提煉，因此，也為君子人格的人性基礎與養成方法，作出深刻而有理論性的詮釋。所謂「孟子十字打開」，其意在此。此外，孟子對時代責任的承擔，對「仁政」和「王道」的闡發，既是君子人格的推拓擴充，也是仁心善性的關懷實踐，都屬於君子「成物」之學的內容。因此，以《孟子》接續《論語》，共同作為教材的主體，是順理成章的事。

在《論語》與《孟子》之後，我們先選讀《大學》，再討論《中庸》。誠如許多學者所指出的，《大學》指出來的「大人之學」是一套「成德之教」的整體規模，這套規模的基礎很寬，似乎可以適用在不同立場的儒家義理進路中。其中「格物」、「致知」、「誠意」、「正心」、「修身」，是「成己之學」的次第；「齊家」、「治國」、「平天下」，則為「成物之學」的拓展。而且，「明明德」和「親民」已經指出了這兩個面向。兩方面結合起來，與君子的「成己」、「成物」之學吻合無間。在學過《論語》和《孟子》之後，讀《大學》有如提綱挈領的回顧，並藉著「大學之道」再次提醒生命之學所含有的廣大而全面的關懷。

《中庸》放在最後，可以展現君子「下學而上達」、由生命內在通貫到意義世界的學問理想。《中庸》由「誠」出發，在「庸言庸行」上著力，這是君子「成己之學」的起步；由此直接相契於超越的天道，則作爲成德之教所嚮往的最高境界。對這種「極高明而道中庸」的認識理解，是很特別的挑戰。然而，個人生命與永恆意義的連結，無疑是許多人深有所感、無可迴避的價值議題，這種感受不拘於時代的古今和年歲的老少，許多青少年的心中也會存在著這樣的盼望和疑惑。因此，我們嘗試以深入淺出的方式，運用現代生活世界的例證，表達給學習者了解。希望可以提供現代的學習者一個以君子人格爲核心，與傳統經典進行意義對話的學習模式。

《中華文化基本讀本》第三冊分爲「道」與「佛」兩個部分。道家的部分，則選錄了老子與莊子的部分篇章。以老子與莊子來代表道家思想，乃是學者的基本共識，道家思想在中國傳統中的作用，與儒家作爲中國社會基本價值觀或有不同，道家思想更多的部分是在傳統中國人的人生觀上，扮演著一種潤滑的作用，使我們可以用更自在的觀點來面對人生的曲折起落，這也是道家思想最重要的作用。

佛教的部分，基本選錄了釋迦牟尼佛在阿含經的一些根本說法，以及流傳於中國社會最廣為人知的經典，希望以此使讀者能對影響中國社會巨大的佛教思想，有一基本的認識。佛教思想雖然是外來的，但傳入中國兩千年，它早已與中國人的價值觀、人生觀融為一體，也早已成為我國文化內在的一部分。認識基本的佛教思想，對於每位中國人的基本品格而言，也是有其重要性。

《中華文化基本讀本》是我們孫文學校作為中華民族一分子，對傳統文化所表達的一點心意。文化命脈原本如長江大河，浩浩湯湯，本不是任何人所可輕易摧折，但我們還是不忍心看到這時代一些跳樑小丑的魯莽滅裂，還希望我們這一點點微薄的努力，終能在更多中華兒女的心中播撒下文化的種子，讓我們的傳統文化能「不廢江河萬古流」！

孫文學校總校長

張亞中 謹識

目錄

第十二單元 《大學》與《中庸》(二) 299

第一單元

一位鐵肩擔道義的君子

前言

在《論語》教材的一開頭，曾提到孔子心目中的偶像周公引發孔子一生的追求嚮往，也爲我國文化形塑了君子人格的原型。

在孔子之後，有這麼一個人物把孔子當成終身的偶像，這讓他在滔滔亂世中，無畏地以鐵肩擔起了道義，也讓他在肅殺的宮廷中，當著好戰的君王，高談王道的理想。他並且石破天驚地發出「舍我其誰」的宏願。這是何等偉大的人格。

這裏要介紹的，正是大家既熟悉又陌生的孟子——一位人格巍峨如泰山的君子。

第一節　願學孔子：孟子的成長背景

少年孟子

孟子是戰國時代的鄒國人，據推算大約生於西元前三百七十年前後。有人說他是魯國貴族的後裔，但家世早已沒落。孔子說自己「吾少也賤」，孟子大概也差不多。孟子的少年時代，有兩則漢代留下的傳說，是大家耳熟能詳的。一是「孟母三遷」：孟子的母親非常重視兒子的教育，多次搬家，以免孩子在不好的環境裏學壞了。最後搬到學校旁，看到兒子每天學習禮儀，孟母才放心住下來。另一個故事是「孟母斷機」：孟子上學漫不經心，孟母拿起剪刀把織好的布匹剪斷，警惕他不可半途而廢的道理。後來《三字經》提示了這兩個故事：「昔孟母，擇鄰處，子不學，斷機杼。」這既顯示孟母教導的用心，也說明了孟子原來和一般人一樣，會去學些市井的雜事，還會偷懶打混。

這麼個調皮的少年，後來竟成爲歷史裏令人景仰的巨人，他是怎麼成長的呢？

在儒家的氛圍中成長

孟子的成長，在在見到孔子的影響。

孟子是鄒國人，鄒國是緊鄰魯國的小國。魯國是周公兒子伯禽的封地，富有深厚的禮樂傳統。孔子逝世後，弟子們繼承志業，積極獻身教育，使儒學成爲當時的顯學。鄒國深受魯國文化和儒家學風的影響，在戰國秦漢時代，「鄒魯之士」就代表了這群傳承禮樂的儒家。這樣的氛圍深深感染了孟子。孟子出生大約在孔子卒後一百年左右，孔子是他的偶像，孟子也自認爲是儒家。

孔子學問最基本的方向，就是試圖提出一套禮樂的活化方案。好學深思的孔子眼見禮樂崩壞、人心淪喪，他指出人心中共有的「仁」來彰顯禮樂的精神。從人最根本的方寸之地救起，從仁心出發，結合禮樂的實踐，做爲人生和社會的目的。他一輩子「學不厭而教不倦」，遭遇從政的種種挫折，過著顛沛流離的生活時，也絲毫沒有動搖信念。即使在絕糧陳蔡之際，他依然絃歌不輟地教育學生。孔子晚年回到魯國，年輕的弟子充滿熱情地繼承他的學問，所憑藉的全是內在生命的啓發。

孔子過世後，弟子們尊之如父，爲孔子守喪三年，並接續獻身於教育事業，傳述孔子的學問、理想和風範。「儒家」的本義猶如教育家，他們是中國歷史上第一個學派，廣泛傳播到齊、魏、宋、楚等地，而鄒魯一帶則猶如他們的基地。

生長在這樣環境裏的孟子，對孔子懷著孺慕之情。他帶著遺憾說：「予未得爲孔子徒也，予私淑諸人也。」向許多孔門後學廣泛學習的孟子，對孔子的一生言行如數家珍，對歷代弟子的事蹟風範也耳熟能詳。他一方面研習《詩》、《書》、禮、樂，對《詩》、《書》的詮釋運用靈活巧妙；另一方面又透過深刻的自省，活潑潑地地帶引人們看見自己本有卻往往忽略的眞心，從孔子對人心獨特的洞察裏，發展出「性善」的主張。

孟子「至大至剛」的「浩然之氣」，也許和「溫良恭儉讓」的孔子氣象不同，但同樣是震動人心、開創新局的思想家與行動者。孔子懷抱政治的理想，而以教育爲根基，有所爲，有所不爲，孟子亦步亦趨。孔子作《春秋》，褒貶善惡，孟子也志在「正人心，息邪說」，甚至得到「夫子好辯」的批評。孔子說：「文不在茲乎！」以文化傳統爲己任，時人也說：「天將以夫子爲木鐸。」（語譯：上天要你們的夫子作天子發布政令時，召集聽衆的木鐸，由他來傳道於天下呀！）孟子自認爲若「天欲平治天下」，則「當今之世舍我其誰」！一言以蔽之，孟子以孔子爲典範，而且多方學習，又依從自己的性情襟抱，成爲頂天立地的「大丈夫」。

動亂與變革的世界

在孟子出生前的一百年間，歷經了諸多重大的政治事件。三家分晉、田氏篡齊，這些篡亂的行爲竟然相繼得到周天子的認可；稱霸一時的吳國和越國則先後淪亡，諸多小國消失，四方蠻夷也遭到大舉兼併。這些變化徹底瓦解了封建的體制，代表了新時代的到來。然而，這是多麼令人不安的時代啊！

在秩序瓦解的同時，生產力正快速提昇。隨著冶鐵技術的進展，鐵器被廣泛利用，農耕和資源開採都大爲便利。國家疆域擴大，人口不斷增加，交通便利，工商業也隨著繁榮起來。各國基本上不再實施分封，一個接著一個推行變法，建立起可以任免官吏的集權政府。當時大國的國君，擺脫了周天子、霸主盟約和國內貴族的種種牽制，握有空前的資源和權力，也萌生出無限的野心。他們以禮賢下士的姿態，積極爭取才能卓越的士人，共同締造了「布衣卿相」的時代。許多士人一心追求功名，迎合助長國君的私欲，不斷發動窮兵黷武的戰爭，制訂各種剝削人民的政策。孟子說：「今夫天下之人牧，未有不嗜殺人者也。」又批判那些爲無道之君建功立業的「良臣」，無異於輔佐桀紂，爲虎作倀。儘管技術和體制進步了，人才輩出，底層人民反而生活在殺戮、動盪、貧困無助的痛苦中。

孟子青年時期，親眼見到周王室分封的諸侯紛紛稱王，開啓了全新的政治局勢。魏國曾是最強大的國家，魏惠王野心勃勃，從安邑（今山西夏縣）遷都大梁（今河南開封），首先自稱爲王（自居蠻夷的楚、吳、越，從春秋時就稱王，不在此列），因而時人稱爲梁惠王。他爲了侵略鄰國發動多次戰爭，引起鄰國聯合反擊，遂兩次大敗於齊，又敗於秦、楚，損兵折將，喪失國土。齊威王在勝魏之後也隨即稱王，秦國則在商鞅的主導下開始變法而崛起。短短二十多年間，秦、韓、燕、趙、中山、宋等國國君相繼稱王，爲周朝的封建秩序正式畫下了句點。加上非周所封、向來稱王的楚國，當時有九大強國（後來宋和中山先亡，留下七雄）。全新的國際關係下，處處危機，戰爭不斷。縱橫家張儀、公孫衍、蘇秦等看準時機，操弄著權力均衡和戰爭的遊戲，爲自己謀得了叱吒風雲的地位。

眼見這樣的現實，孟子對人民深表同情。他打從心底瞧不起縱橫家那樣趁機牟取私利的做法。他做出截然不同的選擇——把拯救百姓視爲自己的天職。

百家爭鳴的時代

在思想上，戰國時代是色彩繽紛的世紀。傳統權威瓦解之後，不論是想追求權力，或是各式各樣的理想主義者競相崛起。無論是成就功名，還是要拯救世界、抵抗潮流，才智之士可以滿懷自信地各抒己見，其中也有各式各樣的理想主義者。最令人矚目的，莫過於墨子引起的風潮了。

墨子眼見百姓困苦，厭惡人世的混亂，提出兼愛、非攻、節用、節葬、非樂、天志、明鬼等主張，對於戰爭所帶來的仇恨與殺戮嚴加撻伐，對當權者（甚至稍微富裕的人）的享受，都視爲奢靡浪費。他認爲每個人都該受到平等的關懷和對待，不分彼此的「兼相愛、交相利」，只有「愛利天下」才是「義」。爲了推展學說和號召同志，墨子爲每一項主張建立了條理清晰、定義明確的論辯說辭。他有力的說理、強烈的熱情和堅定的決心，吸引許多門徒認同，建立起與儒家齊名的學派。

墨家組織嚴密，行動一致，只考慮全人類的福祉，自己卻過著最儉樸勤苦的生活，甚至隨時準備犧牲生命。他們義助遭受侵略的人們保衛家園，有如自發的國際維和志願軍。這種種追求和平的決心和犧牲自我的勇氣，令人無法不感動。但是，要像愛自己親人般地愛別人的親人，這樣的「兼相愛」和「交相利」，是人人可能的嗎？

孟子曾說，當時「楊朱、墨翟之言盈天下」（語譯：天下風行的都是楊朱墨翟的學說）。楊朱是另一個極端。墨家主張「利天下」就是「義」，楊朱的主張卻是「拔一毛以利天下而不爲」，也就是極端的利己主義。試想，野心家爲了自己的私欲而驅使人民去爲他們拚搏，如果聽從楊朱的主張，人民會想：爲什麼要我爲別人犧牲？如果人人爲己，無形中便將抵制政治的整合和動員，野心家也就無法威脅利用人民了。這是楊朱對時代的回應方式。

但回歸現實，無論「利天下」或是「利己」，都將世界的希望寄託於利害的計算。當一個時代只以「利」爲價值時，人性的尊嚴又要放在哪裏呢？

在這兩個極端之間，也有其他旗幟鮮明的見解。以惠施爲代表的名家，想從概念分析解決世界的紛亂。以許行爲代表的農家，勸說爲政者要自食其力，務農維生，徹底消滅階級剝削。主張去私寡欲的田駢、宋牼（ㄎㄥ）等人，教導世人求得內心的滿足來改變世界。至於像申不害指導君主操控權術，商鞅用嚴刑峻法來富國強兵，他們想充分利用人們趨利避害、爭權奪利的私心來達成當權者的野心，這算不上是理想主義，但對於治理廣土眾民的新國家，也算是務實而大膽的構想。

急功近利的法家看似功效顯著，卻助長了對人民的壓榨和殘害。另一方面，即使消滅階級或去私寡欲的想法能夠實現，政治的問題果眞就可以解決嗎？孟子看清了這些問題，提出迥然不同的主張。他指出：不靠利害計算，只要依循人心內在的指引，就可以建立理想的社會。孟子的政治主張，可以用「王道」和「仁政」來概括，簡單說，就是要把人民的幸福放在第一位。怎樣能做到呢？只要君主落實關懷人民的善意，一步步建立起安居樂業、風俗純厚的社會，自然可以贏得天下的愛戴，而徹底違反這一原則的就是「獨夫」，人民背棄他也是正當的。孟子義正辭嚴地地面對君王說出這番道理。

第二節　仁者無敵：孟子的政治思想

從《孟子》書中得知，孟子在中年後至少遊歷過齊、魯、宋、滕、魏等國，見過多位國君，尋求實現政治理想的機會。這大約在孟子五十歲到七十歲之間。孟子說：「我四十不動心」，當他周遊列國時，已經學養成熟且意志堅定，對於拯救天下之道胸有成竹。當時的孟子聲名大盛，弟子衆多，「後車數十乘，從者數百人，以傳食於諸侯」，所受到的禮遇反映出爭取賢才的時代風氣。孟子對於辭受進退很有原則，他拒絕君王給予固定的奉養，只在合理範圍內接受一時的接濟；因此合則留，不合則去，不受拘束也絕不戀棧。

在各國國君中，滕文公、魏惠王和齊宣王三人是孟子特別重視的君主。魏、齊是當時最強大的兩個國家，孟子對兩國國君暢論仁政，要他們師法文王，以愛民的政治贏得天下歸心。這種「王道」政治的藍圖，與壓榨民力、殘害人命的征服手段完全不同，曾相當程度地打動了魏惠王和齊宣王，齊宣王甚至一度任命孟子爲卿。滕是鄰近鄒、魯的微弱小國，由於滕文公眞心信從孟子，孟子爲他規劃了井田制度，希望透過小國的實驗，爲後代留下示範。至於面對其他國君，孟子即使旅居其國，也往往不抱寄望，有時甚至拒絕他們求見。

以下我們來看看孟子和滕文公、魏惠王、齊宣王之間的故事。《孟子》一書的前三篇〈梁惠王〉、〈公孫丑〉和〈滕文公〉，大致勾勒出孟子和這三位君主的互動。有些具體制度的規劃，如制民之產、養老、省刑罰、薄稅斂和教育人民等，其基本內容和部分文字都相近，但由於各國國力不同，君主個性有別，他們對孟子信賴程度也不一，還是有些微妙的差異。

滕文公

滕文公還是滕國太子之時，曾經趁著出使楚國的機會，兩度到宋國見孟子。孟子爲他詳盡述說了性善的道理，並引用堯舜的行事爲證，說明如何推擴仁心來行仁政而王天下。這些道理，太子一直放在心上。當滕定公薨（ㄏㄨㄥ，諸侯死曰「薨」），文公即位，特地請大臣然友到鄒國拜訪孟子，詢問如何治喪。孟子教導文公行「三年之喪」，以及風行草偃的道理，於是文公一一遵循古禮而行，哀戚盡禮。在葬禮中，弔唁觀禮的人無不讚歎。這件事使原本自信心不足的文公對孟子更加信服。孟子後來受邀來到滕國，住在國君的別宮，爲文公規劃「仁政」，包括完整的井田制度，爲民制產，使人民有恆產而後有恆心。接著再教導人民重視人倫，守望相助，疾病相扶持。滕國氣象一新，聲名遠播。許多賢者遠道而來，希望成爲滕國的子民。

只可惜，滕國畢竟只是個「將五十里」的小國，處在許多「方千里」的大國之中，早已岌岌可危，要達到「湯以七十里，文王以百里」王天下的目標，遙遙無期。文公曾詢問孟子，在齊、楚兩大國之間要如何自處，孟子也承認自己無能爲力，只能勸文公愛護人民，加強城池防守，和人民一同守護國家。當文公因爲齊人築薛城進逼而感到害怕時，孟子也曾勸他學習周太王放棄土地、保全人民的智慧，爲後世子孫造福。簡言之，小國如何事奉大國，需要智慧；但若大國執意要侵略，當時的小國也就只有棄守和死守兩條路。上古固然有周太王棄守邠以及商湯征葛得天下的佳例，但戰國的國際情勢，也是不得不面對的嚴峻現實。

孟子在滕國大約待了兩年多，也許因爲文公推舉，也許因爲賢名遠播，也許因爲魏惠王求才，他決定到魏國，試試看大國是否更有機會實現理想。

魏惠王

孟子來到魏國時，魏惠王已在位五十餘年。這位年老的君王承載著五十多年的榮光與恥辱。他在馬陵之役大敗於齊，太子申和主將龐涓一起被殺（就是那個「孫臏鬥龐涓」的精彩故事），與秦國打過七場戰役，喪失七百里國土，又敗於南方的強權楚國。但他還是執迷不悟，一心復仇，決意爭霸。

孟子遠從山東來到魏都大梁，魏惠王一見到他，脫口說出：「老先生，您不遠千里跋涉來到咱魏國，要給我國帶來什麼利益呢？」對於這位荒昧的國君，孟子站在思想的高度，點醒他：「王何必曰利？亦有仁義而已矣！」並當頭棒喝，指出惠王無視於戰爭過後必定引發饑荒的事實，反而對自己的賑災手法——把食糧和飢民搬來搬去——沾沾自喜，比起和其他「好戰」的君王，只是「五十步笑百步」而已。孟子苦口婆心地勸他：「養生喪死無憾，王道之始也」（能使人民在養生送死方面沒有缺憾，王道基礎便建立了），「仁者無敵，王請勿疑」。

三位君王中，梁惠王是最讓孟子失望的一位。因爲虛浮的稱霸美夢，引發數不盡的戰爭，而給人民帶來的饑餓困苦，卻完全不入惠王心眼。他仍一貫地驕奢淫樂，不知「與民偕樂」。孟子批評他：「庖有肥肉，廄有肥馬，民有飢色，野有餓莩，此率獸而食人也！」孟子所描摹的人民苦痛，眞是讓人觸目驚心！

孟子在魏國待了不久，惠王就去世了，他的「仁政」理想絲毫沒有施行的機會。繼位的襄王毫無國君的風度，迷信戰爭與稱霸，孟子只勸說了一番「不嗜殺人者能一之」的話，就決然地離開了魏國，回到新君即位的齊國。孟子見到了新任君主齊宣王，不禁讚歎「居移氣，養移體」，又燃起一絲王道仁政的希望！

齊宣王

梁惠王是日薄西山的君王，齊宣王則年富力強，如日中天。在家喻戶曉的民間故事中，宣王也留下了精彩的一頁。例如：他娶了醜女無鹽；他向孟子自承「好樂」、「好勇」、「好遊」、「好貨」、「好色」，簡直是欲望的化身，也誠實得可愛。孟子怎麼回答他呢？孟子沒有站在高高在上的角度批判，而是以古代聖君爲例，肯定這些人性的欲望；只是告訴宣王：只要能將心比心，「與衆樂樂」、「好勇安民」、「與民同樂」，乃至好貨、好色都能「與百姓同之」，好好滿足人民同樣的欲望，你就可以成爲王天下的君主了。

除了這些人性本有的欲望外，宣王眞正的「大欲」是像「齊桓、晉文」那樣稱霸，希望開疆拓土，統一天下。對於這種作法，孟子斥之爲「緣木求魚」。眞正要統一天下，一定要以「保民而王」的方法：「老吾老以及人之老，幼吾幼以及人之幼」；制民之產、不違農時、省刑罰、薄稅斂、教民孝弟——孟子反覆申說的，都是關切金字塔底層廣大民衆的主張。「民爲貴，社稷次之，君爲輕」、「得乎丘民爲天子」，政治的成就只能來自人民的支持。孟子以民爲本的主張，從來沒有改變過。

齊宣王對孟子很禮遇，反覆請教，並任命孟子爲卿，但他始終沒有眞正實踐孟子的主張。孟子曾在征討燕國一事提出建言。起初，燕王噲竟突發奇想讓位給宰相子之，三年後，燕國大亂。孟子認爲君王之位不該私相授受，爲了拯救燕國人民，齊國可以出兵平亂。此次戰役，齊國花了五十天就攻下燕國，燕人夾道歡迎，眞可謂「天時、地利、人和」三者兼備。齊王詢問是否該併吞燕國，孟子主張尊重燕人的意願，唯有在「燕民悅」的前提下才可併呑。不料宣王被快速的勝利衝昏了頭，利慾薰心，大量搬走燕國重器，俘虜人民，反而引發民怨以及諸國的恐慌，開始對抗齊國。宣王再度請教孟子，孟子認爲當初燕人以爲齊國是救兵，「拯己於水火之中」，沒想到齊國根本是瘟神，「如水益深，如火益熱」，使人民更加痛苦，當然會反叛。孟子要宣王儘快把重器及俘虜釋回，安頓好燕國君王再離開，就不會有後患。此等政治智慧，在現代仍閃耀著光彩，只可惜宣王捨不得放下口邊的肥肉，並沒聽孟子的話！這下子，徹底傷了孟子的心，他決心離開齊國。燕國反叛之後，齊王後悔了，但有佞臣安慰他連大聖人周公都會誤用管叔，犯錯不算什麼，使他無意向孟子道歉。這種文過飾非的醜態，使孟子更堅定了求去之心。孟子回到故國，不再涉入政壇，專心於教育和著述，發揚孔子之學。

至於齊國呢？拒絕孟子勸諫之後，卻迎來連年戰火。燕人反叛之後，燕昭王即位，重用樂毅，全力復仇，率領五國聯合攻齊，齊國幾乎滅亡，最後只剩即墨和莒兩座城，靠田單火牛陣收復失土……故事長著呢！但這些遙遠的硝煙，都消逝在孟子學堂琅琅書聲之外了。

第三節　舍我其誰：孟子的承先啟後

孟子離開齊國之後，似乎鬱鬱不樂，引來學生充虞關心地詢問。孟子以一則豪語平息學生的不安：「夫天未欲平治天下也；如欲平治天下，當今之世，舍我其誰也？」既已離開政治中樞，孟子又怎能如此自詡呢？

孔子一生中真正掌握政治權力的年歲大概只有三年，孟子也差不多如此。在孟子的從政之旅中，始終以悲天憫人的襟懷，捍衛人民的生存權利，力促君王施行仁政；在此同時，孟子也是儒家思想承先啓後的關鍵人物。在百家競起的時代，孟子對流行的學說和價值有許多對話與批判。別人批評孟子「好辯」，但在他看來，「正人心，息邪說」乃是拯救人群、導正政治的基礎工作，也是對時代負責的態度。在世局難以挽回之後，七十多歲的孟子回到故鄉，專心作育英才，並留下《孟子》一書，賦予儒家思想新的生命。

思想交鋒的火花

《孟子》書裏，爲當時的思想對話留下了寶貴的紀錄。這裏介紹其中三回重要的辯論，主題分別是倫常與兼愛、社會分工，以及人性善惡，孟子的對手分別是墨者、農家及告子。

甲、「倫常」與「兼愛」：孟子與墨者的辯論

與儒家並稱顯學的墨者，對儒家重視的倫理和禮樂提出強烈的批評。孟子和墨者夷之曾有一場辯論，談到葬禮和親情的意義。

墨家本來主張「節葬」，理由一來是避免浪費資源，二來是「兼愛」要求待人一視同仁，既然不可能厚葬每個人，那麼即使對至親也只能夠薄葬。夷之信仰墨家學說，但似乎對薄葬父母這件事情態度猶疑。

夷之求見孟子，孟子委婉地推辭了。後來他再次求見，孟子讓弟子徐辟傳話，問道：「夷之身爲墨者，爲何厚葬自己的父母，違背信仰呢？」夷之回答：「墨者對人的愛是沒有差別的，但我只能先從對待父母開始做起。」意思是只因人力物力有限，所以先從自己的父母開始厚葬，並不是對父母有特別的關愛。孟子再讓人告訴夷之，他這麼做是自相矛盾的。

孟子用一則故事說明埋葬父母的道理：在古代，父母死了，屍體直接拋入山谷中。幾天後，孩子經過，看到狐狸啃著骸骨，蚊子螻蛄叮著屍體，他不自禁地額頭沁汗，別過頭去不忍心看，於是幫父母收屍造墓。那冷汗完全發自本能的羞惡之心，不是流給別人看的！孟子說：「那人掩埋了父母，一點也沒做錯；那麼，滿懷愛意的孝子想要好好埋葬自己的父母，也有一定的道理啊！」夷之聽了，難過了好久，說：「謝謝指教，我懂了。」

雖然孟子時時對學生大力批判墨家的偏頗，但這場辯論卻帶著溫暖的情意。墨家想教人努力兼愛世人，反而會壓抑人心本然的情意，可能使人陷入麻木不仁。孟子說：「逃墨必歸於楊（楊朱），逃楊必歸於儒。歸，斯受之而已矣。」對於像夷之這樣心中充滿掙扎的墨者，乃至於利己主義者，孟子都願意接納。由此可知，孟子痛責墨子和楊朱對人心的傷害：「楊氏爲我，是無君也；墨氏兼愛，是無父也。無父無君，是禽獸也。」（語譯：楊朱的學說只重視自我，那就是目無君長；墨翟的學說主張愛無等差，那就是心中沒有父母。心目中沒有父母、君長，那和禽獸便沒分別了。）這不僅基於強烈的正義感，更出自深刻的同情心。

乙、政治與分工：對農家的批判

滕文公迎來孟子，指導井田等仁政的施行。這個疆域不及大國百分之一的微弱小國，一時之間成爲許多理想主義者嚮往的國度。宋國名儒陳良的弟子陳相兄弟，以及楚國的許行和他的弟子們，紛紛來到滕國爲民，以耕作爲生。許行主張：君民應該一律耕作，人人自食其力，泯除一切剝削。陳相受到許行的感召，盡棄所學，改拜許行爲師，而且來向孟子遊說。

孟子問陳相：「許子所吃的，都是自己種的穀子嗎？」陳相說：「沒錯。」孟子說：「他穿的是自己織的布嗎？」「他不織布，穿的是粗麻結成的衣服。」「他戴的冠也是自己做的嗎？」「不，他用穀子跟人交換。」「爲什麼不自己做呢？」「那會妨礙耕作。」「許子燒飯用陶器嗎？耕田用鐵器嗎？」「是的。」「他自己燒陶、打鐵呢，還是跟人交換？」「跟人交換。」「何必那麼麻煩？爲什麼不自己做呢？」「他要耕田，沒法做那麼多工匠的活兒。」「耕田的人沒法做工匠的活兒，難道就能做治國的事？從事生產要勞力，治理國家要勞心，勞心者靠勞力者養活，勞力者靠勞心者管理，大家分工，可以互蒙其利。當禹治水，過家門而不入的時候，他有空耕田嗎？要管理天下的人去耕田，百姓恐怕得流離失所了。你竟相信這種主張，眞是不智！」

陳相辯護道：「依照許子的道理，大家各自生產，各取所需，不用累積財產，交易時再也沒有欺詐。一樣長短的布帛，一個價格；一樣重量的紡線，不分質料都一個價格；一樣多的穀物也一個價格；一般大小的鞋子都一個價格。再也沒有貪婪的追求，這多麼好！」孟子說：「東西的品質好壞不一，是不可改變的事實。好壞可以差幾倍，甚至差上千百倍。許子的道理只能讓人變得虛僞，怎能治理國家？」

許行這樣的主張，當然只是一種很原始的理想主義，但卻完全不符合社會發展的實情，孟子正是因爲他背離了人性與人情的常識，而批評這思想「虛僞」的。

丙、「性善」與「性無善惡」：孟子與告子的辯論

《孟子》一書有〈告子〉篇，記載了孟子與告子兩派對人性有無善惡問題的辯論。那時的孟子大概五十歲上下。告子是孟子相當尊敬的一位論敵，孟子曾說：「告子先我不動心。」但他們對人性的看法針鋒相對。第三單元將詳細介紹他們的論點，這兒只說明兩方基本立場的差異。

世界上有好人也有壞人，告子認爲好壞不是天生註定，而是後天造成的。他有句流傳至今的名言：「食、色，性也。」用今天的話說，人性就是與生存相關的本能欲望。告子認爲本能欲望無所謂善惡，善惡全出自後天的教導。

孟子認爲，人與生俱來的不只有本能欲望，還有一顆能愛、能敬、能分辨是非對錯的心。孟子提出一個巧妙的例子：假如有個小孩爬呀爬，爬到井口，即將跌落井裏，我們突然

看見這一幕，心裏會不會本能地感覺到驚駭不忍？這種不需教導、不爲利害而生的愛人之心，孟子稱爲「良心」或「良知」。儘管人並非天生下來就完善，但凡是肯聽從自己良知指引的人就能夠成爲善人，而且有爲善的無限可能。

性善論並非只是個抽象的議題，事實上，它也是孟子政治思想的基礎。孟子向滕文公闡述性善，鼓勵他超越時代，實施仁政並教化人民。面對梁惠王和齊宣王時，孟子雖沒提出「性善」之說，但也總是訴諸「不忍人之心」來鼓吹以愛民爲本的「仁政」。他反對只用功利來誘導君王，曾說：「沒有人比我更尊重齊王。人人都認爲不值得跟他談仁義之道，只有我相信他是可以行王道的。」在那野心無限、價值紛亂的時代，這樣的信念和善意，眞是空谷跫音。

作育英才、修身立命的藹然長者

孟子和孔子一樣，無論身在何處都不忘教育。離開了漂泊的歲月，孟子回到故鄉，公孫丑、萬章這些曾陪著他跋涉千山萬水的弟子，仍忠心耿耿地追隨著他。

孟子也說，無論際遇如何，壽命長短，都該全心守護良知的自覺，對道義窮究不捨，承先啓後，才不辜負上天賜予的生命。「萬物皆備於我，反身而誠，樂莫大焉」，這就是孟子修身立命的心境。

孟子又說：有三件事讓君子感到快樂，一是「父母俱存，兄弟無故」，二是「仰不愧於天，俯不怍於人」，三是「得天下英才而教育之」；他還故意說，「王天下」不在其中。晚年的孟子就活在教育英才的喜悅裏。

談到古聖先哲的典範，他發出這樣的感慨：

由堯舜至於湯，五百有餘歲，若禹、臯陶，則見而知之；若湯，則聞而知之。由湯至於文王，五百有餘歲，若伊尹、萊朱則見而知之；若文王，則聞而知之。由文王至於孔子，五百有餘歲，若太公望、散宜生，則見而知之；若孔子，則聞而知之。由孔子而來至於今，百有餘歲，去聖人之世，若此其未遠也；近聖人之居，若此其甚也，然而無有乎爾，則亦無有乎爾。（語譯：孟子說：「從堯、舜到成湯，中間有五百多年。像禹和臯陶兩人，是親眼看見堯、舜等聖人，親自體會聖人之道的人；像湯則是經由耳聞而得知的。從成湯到文王，又有五百多年。像伊尹、萊朱是親眼看見而知道成湯等聖人之道的，像文王則是由耳聞得知的。從文王到孔子，又有五百多年。像太公望、散宜生是親眼看見而知道文王等聖人之道的，像孔子則是由耳聞得知的。從孔子以來，到現在只有一百多年，我距離孔子這位聖人的時代，如此的不遠；鄒、魯相近，我毗鄰聖人的住處，如此的接近。但是，已經沒有親眼看見而知道聖人之道的人了！那麼以後恐怕也沒有人能經由耳聞而得知聖人之道了吧！」）

從當時人所知道的歷史看來，彷彿每過了五百多年，就有聖王賢哲締造的大時代來臨。重要的是，儘管歲月流逝，時異境遷，後代的聖哲總能接下前古聖哲的精神，撥亂反正，重新建立人道的理想。在孟子看來，孔子已經開啓了一個新的時代，只是事業還沒有完成，有待後人繼起奮鬥。古聖先哲的生命都是精神相通的，我的生命可以和他們聯繫起來嗎？這只能決定於我自己，不是嗎？

《孟子》一書的編寫與流傳

《孟子》一書，記錄了孟子半生的言行事蹟，及與弟子、時人的議論。一般認爲這是孟子晚年與弟子共同撰著的，而在孟子死後，由弟子萬章、公孫丑等編定成書。全書有七篇，依序爲：〈梁惠王〉、〈公孫丑〉、〈滕文公〉、〈離婁〉、〈萬章〉、〈告子〉、〈盡心〉，每篇又分上下。每篇大致上各有主軸，但篇名只是取自首章頭幾字，沒有特別的意思。

《孟子》一書文筆雄健，論理透闢，不僅栩栩如生地記載了一位偉大人物豐富而深刻的思想，也清晰地呈現出戰國中期許多歷史人物的樣貌。書中犀利的論辯、磅礡的文氣、生動的寓言、雋永的話語，令人一見難忘，早已成爲大家耳熟能詳的文化資產。這是一部值得從多種角度欣賞的經典之作。

漢代司馬遷、揚雄等學者多推崇孟子，視爲戰國儒者之翹楚。唐代韓愈更說：「孟氏醇乎醇者也。」認爲孟子直承堯、舜、禹、湯、文、武、周公、孔子的道統。這一見解影響了宋人，使得孟子的人格典範與思想內涵越來越受尊崇，最後成爲理學思想的基石之一，性善論更從此成爲中華文化的基本信念。

《漢書．藝文志》和《隋書．經籍志》都將《孟子》列在子書。五代後蜀以及北宋仁宗時先後將《孟子》和經書一同刻爲石經。南宋時，朱熹取《論語》、《孟子》與《禮記》中的〈大學〉、〈中庸〉合爲《四書》，認爲《四書》是《五經》的階梯。朱熹並爲《論語》、《孟子》作《集注》，爲〈大學〉、〈中庸〉作《章句》。從南宋到元代，朱子之學多次受到政治的打擊，卻越來越盛行。蒙古入主中國，四十多年之後重開科舉，便規定以《四書》取士，並以朱熹的註解爲準。這一科舉考試的原則沿襲到清末，《孟子》也一直居於經典之列。

隨著著作受到重視，孟子其人也受到官方的尊禮。宋神宗將孟子配享孔廟；元文宗封他爲「亞聖公」，從此世稱爲亞聖。但中間也曾發生波折：醉心專制的明太祖在取得天下後也研習經史，當他讀到《孟子》「民爲貴，社稷次之，君爲輕」、「君之視臣如土芥，則臣視君如寇讎」等文句，勃然大怒，一度將孟子牌位自孔廟中逐出，並頒訂《孟子節文》，刪去書中妨礙君主專制的八十五章，規定考試時不得從中命題。但《孟子節文》只流傳了二十年，明太祖的企圖終究失敗。直到近代，孟子的人格和思想仍然廣受推崇。

隨著中華文化的傳播，《孟子》的影響早就超越了國界。韓國的朝鮮時代（一三九二至一八九七，韓國最後一個王朝）尊崇朱子學，《孟子集注》備受重視，儒者多詳加鑽研，而強調經世致用的學者也從《孟子》裏汲取了政治改革的方案。日本的德川時代，天皇與太子須研讀《孟子》；雖然孟子的湯武革命論與萬世一系的天皇制有衝突，但不論地方學者或是朝廷、幕府、博士家、武家等，都研習講授《孟子》，關於孟子學的著作超過五百種。《孟子》一書，早已成爲東方文化的智慧泉源，東亞文化的共同資產。

歷代對《孟子》的註解和研究很多，較有代表性的是漢代趙岐《孟子章句》、南宋朱熹《孟子集注》、清代戴震《孟子字義疏證》和焦循《孟子正義》。這些註釋反映不同時代的學術風格和思想特色，直到今日，仍然爲理解《孟子》提供了寶貴的助力。

孟子是個英氣勃勃、有血有肉、有感情、有關懷的人。他出身平凡，卻永遠懷抱著理想，願意承擔百姓苦難，挑戰時代。「富貴不能淫、貧賤不能移、威武不能屈」，孟子形容

「大丈夫」的幾句話，正是他自身的寫照。現在，我們將再度親近《孟子》，欣賞那偉大的靈魂，反思自己的生命。或許你也能從中得到迎向未來世界的智慧與力量！

問題與討論

(1)孟子為何一生以孔子為典範？有沒有令你心悅誠服，願意一生取法學習的人物？請說說你的想法。

(2)在孟子與其他思想家的辯論中，你對何者特別有意見？請表達自己的看法，並替這位思想家與孟子對話。

(3)在瞭解孟子的生平後，你是否欣賞他的某些特質？是否存有某些不解？請談談你的感想。

第二單元

我是誰？

前言

在成長過程中，許多人心頭都曾浮現過這樣的問題：「我是誰？」「活著的意義是什麼？」這類疑問標誌著開始獨立思考，想要追尋自我，希望確定自己該成爲什麼樣的人。這時的你，也許會回顧從小以來的自我期許，或者留心觀察周遭、乃至上下古今，尋找足以做爲榜樣的人，希望探知他們的自我追尋之道；也有人感到徬徨迷惘，總覺得找不到方向。迷惘不見得只緣於自身，往往也因爲時代，環境造成了困惑。

身處人倫崩毀、政治暴虐的戰國時代，孟子自覺的擔負起文化的使命，不只爲自己確立價值，也爲迷失的時代指引方向。孟子對生命的親切體驗和深刻探索，早已成爲跨越時空的智慧源泉。這個單元將藉著孟子對本心的探問，帶領我們展開自我發現的旅程，回答「我是誰？」這個探索人生的首要問題。

以下三節的主題依序是：一、「爲什麼會自我迷失？」，將探討自我迷失的根由；二、「向內開發自己的力量」，思索能夠肯定自己的內在力量；三、「成爲你自己」，說明實現生命的坦途。

第一節　為什麼會自我迷失？

選文與註釋

(1)孟子曰：「有不虞之譽①，有求全之毀②。」（〈離婁上〉二一）

①**不虞之譽**：虞，意料。想不到的稱譽。
②**求全之毀**：因爲力求完美，反而招致批評。

【語譯】孟子說：「有人並不存心追求美名，卻忽然得到意料之外的稱譽。有人力求節操的完美無瑕，卻因為有某些小瑕疵或不夠完美的地方，而遭到全盤否認的嚴重批評。」

(2)孟子曰：「自暴①者，不可與有言也；自棄者，不可與有爲也。言非②禮義，謂之自暴也；吾身不能居仁由義③，謂之自棄也。仁，人之安宅也；義，人之正路也。曠④安宅而弗居，舍⑤正路而不由，哀哉！」（〈離婁上〉十）

①**自暴**：暴，害。自己賊害自己。
②**非**：動詞，詆毀。
③**居仁由義**：由，依循而行。以仁居心，依義行事。
④**曠**：曠廢。
⑤**舍**：通「捨」。

【語譯】孟子說：「自己賊害自己的人，不能和他談論善道。自己放棄自己的人，不能和他一起實踐善事。出口詆毀禮義，這叫做自暴。認為自己不能以仁為自己的居心，不能依義行事，這叫做自棄。仁，是人安適的住宅；義，是人正大的道路。空著安適的住宅不住，捨棄正大的道路不走，真是可悲啊！」

(3)孟子曰：「西子①蒙不潔②，則人皆掩鼻而過之。雖有惡人③，齊戒沐浴④，則可以祀

上帝。」（〈離婁下〉二五）

①**西子**：即西施。

②**蒙不潔**：身沾污穢之物。

③**惡人**：惡，醜。面貌醜陋的人。

④**齊戒沐浴**：齊，同「齋」。祭祀前潔淨身心的工作。

【語譯】孟子說：「美麗的西施若身沾污穢之物，人們經過都會捂著鼻子。雖然有個相貌醜陋的人，若能潔淨自己的身心，他也可以祭祀上帝。」

文意解析

人若是不能自我肯定，就容易因爲外在的毀譽而迷失自己。過於在意他人的評價，不僅容易患得患失，而且可能迷失了方向。第一則選文指出，外界的稱譽、毀謗有時並不公平，難以期待。因此，只有堅守正道，才能自我肯定並實現眞正的價值。

人生的道路不可能總是順遂，難免有挫折徬徨之時。第二則選文指出，如果我們不相信自己，自暴自棄，就會失去前進的力量，找不到方向。孟子鼓勵我們，每個人自身都有正面的力量——仁義。在仁心中才能安居，依循正義的道路才能坦蕩而行。自尊自重的力量就藏在每個人自己的心裏。

第三則選文用美貌來代表人所羨慕的名聲，用潔淨與污穢來比喻德行的高下。像西施那樣外貌出衆的人或許讓人稱羨，但若沾染污穢，人們也將避之唯恐不及；反之，相貌醜惡的人只要誠心誠意地潔淨自己，也可以祭祀上帝。比喻名聲好的人，若行事不端，也會遭人唾棄；而受到鄙視的人，如果努力自新，也會贏得大家的敬佩。因此，唯有道德才能超越世俗的價值標準，成爲生命的準則。

當徬徨迷失的時候，能指引我們走回正途的，乃是自身內在的光明美好的本質。這種生命本有的力量不會消失，只要呼喚，便能湧現。可惜的是人們常常忘了它，一味追尋不能操之在己的外在價值。

對孟子來說，人性中最珍貴的是自己的本心，也就是眞實感情的「仁」與恰當行爲的「義」。依從眞實情感，才能自愛自重並關懷他人；順著本心本願，才能走在正道上。「居仁由義」就是自我的實現。而且能安頓自己的身心，也就能讓自己的生命成爲價值世界的起點，擁有讓世界變得更美好的力量。

(1)你懷疑過自己嗎？曾有過自我迷失、自暴自棄的經驗嗎？又是如何走出那樣的狀態？你現在對自己的生活充滿著熱情嗎？

(2)你總是聽從自己內心的聲音，還是比較在意他人的觀感與評價？你是否曾經因為想要討好別人而迷失自己？當自己的追求與父母師長的期待有不小的落差時，你會如何抉擇和調適？

第二節　向內開發自己的力量

選文與註釋

(1)孟子謂高子曰：「山徑之蹊閒①，介然②用之而成路。爲閒③不用，則茅塞④之矣。今茅塞子之心矣。」（〈盡心下〉二一）

①**蹊間**：間，通「間」。初形成的小路。
②**介然**：一段不長的時間。
③**為間**：為音「唯」，間音「間」，間隔。有一陣子。
④**茅塞**：茅草堵塞住。

【語譯】孟子對高子說：「山上初形成的小徑，如果經常有人經過、不間斷地踩踏，那麼這條小徑沒多久就會變成大路。但是只要有一陣子沒有人走過，路旁的茅草叢生，就會堵塞住這條小路。我看啊，現在你的心已經完全被茅草塞住囉！」

(2)孟子曰：「**求則得之，舍則失之，是求有益於得也，求在我者①也。求之有道②，得之有命③，是求無益於得也，求在外者④也。**」（〈盡心上〉三）

①**求在我者**：探求在我本身的東西。
②**求之有道**：追求有一定的方法。
③**得之有命**：得到與否有客觀條件的限制。
④**求在外者**：追求在我身外的事物。

【語譯】孟子說：「努力去追求（仁義道德）便能得到它，放棄便會失去它，這樣的追求是有助於德行的獲取，因為所求的是自己本身就具有的能力，所以只要追求就會得到。追求它（功名利祿）有一定的方法；但得到與否卻有客觀條件的限制，這種追求不必然能幫助我們獲得它，因為所求的是身外的事物。」

(3)**孟子曰：「人之所以異於禽獸者幾希①，庶民去之，君子存之②。舜明於庶物，察於人倫③，由仁義行④，非行仁義⑤也。」**（〈離婁下〉十九）

①**幾希**：微少，不多。

②**庶民去之，君子存之**：一般人拋棄它，君子則保存了它。

③**明於庶物，察於人倫**：洞悉事物實況，明察人倫分際。

④**由仁義行**：依內心的仁義行事。

⑤**非行仁義**：不是刻意做出符合仁義的行爲來。

【語譯】人和動物不同的地方很少，只差在人類有可以自我辨識仁義禮智的本心。一般人拋棄它，君子則保存了它。從這點看來，虞舜洞悉事物實況，明察人倫分際，是因為他能依照發自內在的仁義本心行事，而不是由於他刻意做出符合世俗仁義規範的行為啊。

文意解析

習慣的力量很大，不能不小心。如果總是忽略心中的指引，久而久之自我迷失，過著渾渾噩噩的生活，甚至會以爲自己原本就這麼糟，毫無希望。在第一則選文裏，孟子用山間小路來比喻人心的開通與閉塞，山上的路較少人走，所以容易形成，也容易曠廢。人的本心也是如此，本來是清明合理的，只要去思、去求，便能發現內在的良知良能、本心本願。只要總依著它走，就會走出康莊大道。

第二則和第三則選文，說的是對價值追求的分辨。人擁有可貴的本心，但也容易忘失。有些人活在世上，不過是本能地求生存而已，跟動物幾乎沒有不同；唯有過著德性生活的人，才會追問：人的價値何在？尊嚴爲何？是否要堅守原則？沒有反省、一切都無所謂地活，是不是更快活順適？這些追問，其實問的是自己願不願意讓生命完全被流俗的價值、形軀的私欲操弄？是否要掙脫現實的網羅，成爲自己生命的主人，活出生命的尊嚴？外在環境與個人際遇不是自己可以主宰操控的，但人格生命、價值生活卻完全操之在我。

做個有德性的君子，在孟子看來既難也易。他不過就是完完全全回歸自己眞誠的生命，做自己，所以毫不勉強、絕無虛矯，這道理很簡單。然而，堅定地拒絕私欲的誘惑、不受世俗價値觀左右也確實不容易，若不時時提醒自己，我們還是容易順著日常的慣性，背離了良知的指引。孟子認爲不加反省的人只順著自然習性生活，和禽獸相去不遠；有自覺的人就不同了：像舜這樣的賢人君子總是敏銳地自我覺察，讓良心時時保持在靈明活潑的狀態，看顧照管自己的一言一行，事事用心。有了持續的自覺，慣性的怠惰便愈來愈弱，眞實的生命則愈來愈光明挺立、自在坦然。行善並不爲了功利或任何其他目的，而是自然地發自內心，讓自己及世界變得更美好，這就是「由仁義行，非行仁義」的人格境界。

相關章句

(1)孟子曰：「仁，人心也；義，人路也。舍其路而弗由，放其心而不知求，哀哉！人有雞犬放，則知求之；有放心而不知求。學問之道無他，求其放心而已矣。」（〈告子上〉十一）

【註釋】見第四單元第一節。

【語譯】孟子說：「仁，是人的良心；義，是人該遵循的道路。捨棄仁義的大路不走，良心丟了也不想找回來，這真是最大的悲哀呀！人的雞隻或狗兒若走失不見了，人會費盡心力去尋找；但人自己的良心泯滅消失了，卻不知道該去找回來（這不事糊塗嗎？）。求學問沒有其他捷徑，只要把走失的良心找回來就對了。」

(2)**孟子曰：「大人①者，不失其赤子之心②者也。」**（〈離婁下〉十二）

①**大人**：全德之人。

②**赤子之心**：赤子，小嬰兒全身紅通通的，故稱赤子。大人之心與赤子之心都眞誠無僞。

【語譯】孟子說：「有德行的君子，能永遠保持像嬰孩一般真誠無偽的本心。」

(1)為什麼人願意行善？行善會為我們帶來好處嗎？我們是為了功利的目的而行善呢，還是行善本身就可以是目的？

(2)孟子以「仁義」作為自己的安身立命之道。你是否也有可以終身奉行的人生信念？在現代社會講仁義之道，是否太迂濶而不切實際？但要是世界上大部分的人都只講功利、只追求自己的成功，你是否願意像孟子一樣相信仁愛與正義的力量，並且有勇氣堅守不移？

第三節　成為你自己

選文與註釋

(1)孟子曰：「人之所不學而能者，其良能①也；所不慮而知者，其良知②也。孩提之

童，無不知愛其親者；及其長也，無不知敬其兄也。親親，仁也；敬長，義也。無他，達③之天下也。」（〈盡心上〉十五）

①**良能**：本有的良善能力。

②**良知**：本有的良善知覺。

③**達**：通行。

【語譯】孟子說：「人不必經過學習自然就會的，就是本有的良善能力；不必經過思慮自然就知道的，就是本有的良善知覺。二、三歲的小孩，沒有不知道愛他的親人；到了他長大以後，沒有不知道敬重他的兄長。親愛父母，是仁；恭敬兄長，是義。不需要其他的方法，只要遵循良知良能，我們就能通達於天下！」

⑵孟子曰：「君子所以異於人者，以其存心也。君子以仁存心，以禮存心。仁者愛人，有禮者敬人。愛人者人恆愛之，敬人者人恆敬之。有人於此，其待我以橫逆①，則君子必自反也：我必不仁也，必無禮也，此物奚宜至②哉？其自反而仁矣，自反而有禮矣，其橫逆由是③也，君子必自反也：我必不忠。自反而忠矣，其橫逆由是也，

君子曰：『此亦妄人④也已矣。如此則與禽獸奚擇⑤哉？於禽獸又何難⑥焉？』」（〈離婁下〉二八）

①**橫逆**：橫，音「橫」，去聲。粗暴無理。
②**奚宜至**：奚，何。怎麼會發生？
③**由是**：由同「猶」。還是這樣。
④**妄人**：無理的人。
⑤**奚擇**：有何分別？
⑥**何難**：何須責備？

【語譯】孟子說：「君子跟一般人的不同之處，就在於他心中的意念。君子把仁道存在心裏，把禮敬存在心裏。有仁德的人會愛別人，知禮敬的人會敬重別人。能愛別人的人，別人也一定會愛他；能敬重別人的人，別人也一定會敬重他。假如這裏有個人，他以蠻橫無理的作為對待我，那麼，君子一定會自己反省：『我一定有居心不仁的地方，一定待人不夠恭敬的地方；不然，這種事怎麼會發生在我身上呢？』修正後自我反思，居心合乎仁德、待人是夠禮敬了，對方蠻橫無理的作為仍然不變；君子一定再度自我反省說：『我一定還沒盡心盡力做到最好！』修正後自我反思，已經盡心竭力做到最好了，但對方的蠻橫無理仍然一樣。君子這時才說：『這是一位狂妄無理的人；像這樣的人，跟禽獸有什麼差別呢？對於禽獸我又何必責備他呢？』

文意解析

我們與生俱來的，除了生物的本能之外，還有道德的本能，這就是第一則選文所說的「良知良能」。良知良能是不學而能的本心，讓我們生來就能親愛尊敬父母、兄長，以及自然而然地愛、敬他人。同時家人、朋友、認識或不認識的人，也自然而然地以愛、敬回報我們。這都是人的天性，也是植根於生命底層的愛的能力。這種天生善性，讓所有人聯結成親愛扶助的網絡，人的生命因而高貴。

但在社會生活裏，難免會遇到不愉快的事，有時甚至會發生違背常理的粗暴對待、有意傷害。面對這種狀況該如何自處呢？在第二則選文裏，孟子的建議是：先問問自己是否真盡了關愛之心？是否無禮、不夠尊重對方？甚至是否沒有切實的檢討、無意中傷害了他？經過再三反省，確實無愧於心，便可無所掛懷地爲所當爲，不必再與人計較；畢竟每個人只能爲自己的人格負責。仁與禮是我們生命內具的眞實感情與正向力量，遇到任何困難，只要回歸這一源頭活水，向它探問、汲取能量，便不會再有疑懼了。

每個人都有追求，都有擔心與恐懼：有的怕錢不夠，有的擔心被人看扁，有的無法放棄權力，有的渴望許多人的愛……然而這都不是自己能決定的。能自己掌握的價值，只有心中與生俱有的善良與美好的存心；眞正該擔心的是忘記了如何愛人，以及什麼是該守的正道。

相關章句

孟子曰：「君子深造①之以道，欲其自得之也。自得之，則居之安；居之安，則資②之深；資之深，則取之左右逢其原③，故君子欲其自得之也。」（〈離婁下〉十四）

【註釋】見第四單元第三節。

【語譯】孟子說：「君子依循正道，達到深入精微的境界，所體會到的心得都是自己領悟得來的。是自己領悟的心得，就能堅定不移地安處；能堅定不移地安處，就可以深入地憑藉；可以深入地憑藉，才能不論讀書行事，隨處都能與源頭相呼應，取之不盡，用之不竭。所以君子為學要求自己的體悟。」

問題與討論

(1)請舉出日常生活中的例子，以說明「我們生來就能愛人、敬人」的道理。

(2)當自己的感情遭受某些傷害時，孟子主張「逐步進行自我反省」，直到自認無愧於心，便可無所掛懷，不會再有疑懼。請從親身經歷選取一段心路歷程，印證這種成長經驗。

(3)「親親敬長」有時也會得到「橫逆」的對待，比如：為了父母的健康，請求父母避免有礙健康的食物，卻惹來他們的怨怒，這種時候該如何自處、應對？

第三單元

人性與抉擇

前言

告子是孟子很尊重的一位論敵，他們對人性的爭論是中國思想史上一場著名的論辯。在這個單元，我們將藉孟子和告子的辯論，反省以下幾個問題：

什麼是人性？是如告子所說的，人性是素樸的、可形塑的，並無善惡可言嗎？還是如孟子所主張的，善不僅是後天教育的結果，更重要的是人性原本就具有爲善的根源與動力？

爲了明確掌握告子和孟子各自的想法，第一節將先凸顯告子對人性的主張，暫不涉及孟子的回應。告子的主張有三點：一、「性」（人性）是天生的自然材質；「義」（合宜的行爲）來自於後天的教養。二、人性無分善惡。三、仁內義外。

第二節介紹孟子如何反駁告子的主張。孟子的批評如下：一、把仁義看成對於人性的改造是錯誤的。二、人之所以爲善，是來自於先天的本性；人之所以爲不善，是後天環境影響使然。三、仁義內在於人心中。

第三節介紹孟子對人性的看法。孟子明白，人的自然生命中包含著告子所說的食、色本能，但是使生命能超越本能而實現道德價值的是與生俱來的良知、良能。爲了配合第一節、第二節的主題設計，本節將選文中孟子、告子的主張分別解說。這兩節的選文部分重複，但在第一節只凸顯告子的主張，第二節再介紹孟子回應。爲了方便研讀，第一節選文無論是否爲重點皆加注解，第二節只注解重點所在的部分。

第一節　告子的主張：食色性也

選文與註釋

(1)告子曰：「性，猶杞柳①也；義，猶桮棬②也。以人性爲仁義，猶以杞柳爲桮棬。」孟子曰：「子能順杞柳之性而以爲桮棬乎？將戕賊③杞柳而後以爲桮棬也？如將戕賊杞柳而以爲桮棬，則亦將戕賊人以爲仁義與？率天下之人而禍仁義④者，必子之言夫！」（〈告子上〉一）

①**杞柳**：杞，音「起」。植物名稱，它的枝條質性柔韌，經加工後可編製成杯、盤、

箱、筐等器具。

②**桮棬**：桮，即杯。棬，音「圈」。桮和棬都是飲用的器具，這裏合用泛指杯、盤等可盛物的器具。

③**戕賊**：戕，音「牆」，戕、賊都是殘害的意思。

④**禍仁義**：傷害仁義。

【語譯】告子說：「人性如同柔韌的杞柳；仁義如製作成的杯、盤等器具。如果你認為仁義之行乃根源於人本性的良善存心，這說法就像拿杞柳束來編製桮棬一樣（我們總不能直接以杞柳枝條來當桮棬吧！要以杞柳枝條編成桮棬總要加工才行吧！）。」

孟子說：「你能順著杞柳天生的本性製成杯盤等物嗎？還是要用刀斧殘害了杞柳的本性，然後才能製成這些器具呢？如果一定要殘害了杞柳的本性才能製成杯盤，那不是等於說要殘害了人性，才能去行仁義嗎？率領天下的人去禍害仁義的，必定就是您的這種言論了！」

⑵**告子曰：「性猶湍水①也，決諸東方則東流，決諸西方則西流。人性之無分於善不善也，猶水之無分於東西也。」**

孟子曰：「水信②無分於東西，無分於上下乎？人性之善也，猶水之就下也。人無有不善，水無有不下。今夫水，搏而躍之③，可使過顙④；激而行之⑤，可使在山。是豈水之性哉？其勢則然也。人之可使為不善，其性亦猶是也。」（〈告子上〉二）

①**湍水**：湍，音「團」，陰平聲。湍水是指湧動的激流。

②**信**：誠然，確實。

③**搏而躍之**：拍水讓它向上飛濺。

④**顙**：顙，音「嗓」，額頭。

⑤**激而行之**：阻遏水勢讓它改變流向。

【語譯】告子說：「人性，如同湧動的激流，疏導它往東便往東流，疏導它往西便往西流。人性不分善與不善，就像水流不分往東或往西流一樣。」

孟子說：「水確實沒有往東或往西流的分別，但是水流不分上下嗎？人性的善，就像水往低處流一樣；人沒有不善的，水沒有不往低處流的。今以水為喻，拍水讓它向上飛濺，可以高過人的額頭；阻遏水勢讓它改變流向，可以流向山坡；這難道是水的本性嗎？是外在的情勢迫使它這樣的。一個人可以使他做壞事，本性的改變也像這樣。」

(3)告子曰：「食色，性也。仁，內也，非外也；義，外也，非內也。」

孟子曰：「何以謂仁內義外也？」……

（告子）曰：「吾弟則愛之，秦人之弟則不愛也，是以我爲悅①者也，故謂之內②。長楚人之長，亦長吾之長，是以長③爲悅者也，故謂之外④也。」

（孟子）曰：「耆⑤秦人之炙⑥，無以異於耆吾炙。夫物則亦有然⑦者也。然則耆炙亦有外與？」（〈告子上〉四）

①**以我為悅**：依據我自己的友愛之情，而樂意愛他。

②**內**：依據內心的情感。

③**長**：依據對方年長，而樂意尊敬他。

④**外**：依據外在標準。

⑤**耆**：音「是」，同「嗜」。

⑥**炙**：烤肉。

⑦**物亦有然**：有些事物偶然如此；意味並非必然，不足爲憑。

【語譯】告子說：「愛吃美味，喜歡女色，是人的本性。仁愛的心，是從自己『內心』發出來的，不是從外面來的；事物的義理，則是從『外面』來的，不是從內心發出的。」

孟子說：「為什麼說仁愛的心是發自心裏，而事物的義理是來自外面的呢？」

告子說：「我自己的弟弟我就愛他，秦人的弟弟我就不愛他，這完全是依據我自己的喜愛為主的，而樂意愛他，所以叫做『內』。至於尊敬楚人的長輩，也尊敬我自己的長輩，這便是依據對方年長，而樂意尊敬他，所以叫做『外』。」

孟子說：「一般人喜歡吃秦人的烤肉，也喜歡吃自己的烤肉，各種事物都會如此，不足為憑。若如你所說，那吃烤肉的喜好，也是來自外面的嗎？」

文意解析

在第一則選文中，告子以樹木的材質來比擬人性，認爲人性就如同柔韌的杞柳，得要經過適當的加工，才能成爲有用的器皿。告子藉此說明，人所表現的仁義善行，都是經過後天的教養歷程才形成的。

第二則選文中，告子以湍水做比喻。一股激流，哪面的堤岸出現缺口，就會往哪個方向奔流而出。人性也像水流一樣，本無定向；完全因爲後天環境的影響，才造成或善或惡的行爲表現。

基於前兩則選文的看法，告子進而主張：「食、色，性也。」將人性界定爲飲食、男女等自然本能。他也說：「仁」在內，是發自內心的情感；「義」在外，是依循外在的標準。外在的標準，其實就來自社會約定俗成的規範。例如，對年長的人，不問親疏遠近，我們依照社會習俗視爲長者，給予禮貌尊敬。至於內心的情感「仁」，則是順著家人間的血緣關係、生活經驗而發生的親愛之情。只不過，對待手足的親情愛意，有一定的對象，無法勉強普及他人；對待長者的禮貌敬意，因爲是外在的標準，反而可以不分親疏遠近。在告子看來，像「仁」、「義」這樣的善行，都需要後天的經驗，乃至教導，並不屬於人的天性。

告子的看法可能相當接近一般以爲的常識，許多人蠻容易認同的。人們通常把「人性」視爲人天生自然、未經後天影響的狀態。就像告子說過的另一句話：「生之謂性。」（見本節「相關章句」）這正是說天生本然的狀態就是「性」。相對地，所有的善與惡、仁與義，都是後天養成的，不屬於人性。也可以說，告子眼中的人性就像一張白紙，顏色都出於後天的沾染或彩繪。

相關章句

告子曰：「生之謂性①。」

孟子曰：「生之謂性也，猶白之謂白與？」

曰：「然。」

「白羽之白也，猶白雪之白；白雪之白，猶白玉之白與？」

曰：「然。」

「然則犬之性，猶牛之性；牛之性，猶人之性與？」（〈告子上〉三）

①**生之謂性**：生，生而具有的本能。萬物天生本有的本能，就叫做性。告子曾說：「食、色，性也。」告子所說的性，是就動物本能而言。

【語譯】告子說：「凡是與生俱來的本能就叫做性。」

孟子說：「凡是與生俱來的本能就叫做性，是否像凡是有白色特質的物體，都叫做白呢？」

告子說：「是的。」

孟子說：「那白色羽毛的白，就像白雪的白；白雪的白，就像白玉的白一樣嗎？」

告子說：「是的。」

孟子說：「照這樣說，那麼狗的性就像牛的性；牛的性就像人的性一樣嗎？」

(1)告子認為人性本來無分善惡，受後天影響才有善惡不同的行為表現，你認為人之為善、為惡，可能是受到哪些後天因素影響？如果只有後天影響，足以解釋人之為善為惡嗎？

(2)除了告子的「人性不分善惡」之外，你對於人性還有哪些看法？請說明理由。

第二節　孟子的反駁和主張

選文與註釋

⑴告子曰：「性，猶杞柳也；義，猶桮棬也。以人性爲仁義，猶以杞柳爲桮棬。」孟子曰：「子能順杞柳之性而以爲桮棬乎？將戕賊①杞柳而後以爲桮棬也？如將戕賊杞柳而以爲桮棬，則亦將戕賊人以爲仁義與？率天下之人而禍仁義②者，必子之言夫！」（〈告子上〉一）

①**戕賊**：戕、賊都是殘害的意思。

②**禍仁義**：傷害仁義。

【語譯】告子說：「人性如同柔韌的杞柳；仁義如製作成的杯、盤等器具。如果你認為仁義之行乃根源於人本性的良善存心，這說法就像拿杞柳束來編製桮棬一樣（我們總不能直接以杞柳枝條來當桮棬吧！要以杞柳枝條編成桮棬總要加工才行吧！）。」

孟子說：「你能順著杞柳天生的本性製成杯盤等物嗎？還是要用刀斧殘害了杞柳的本性，然後才能製成這些器具呢？如果一定要殘害了杞柳的本性才能製成杯盤，那不是等於說要殘害了人性，才能去行仁義嗎？率領天下的人去禍害仁義的，必定就是您的這種言論了！」

(2)告子曰：「性猶湍水①也，決諸東方則東流，決諸西方則西流。人性之無分於善不善也，猶水之無分於東西也。」孟子曰：「水信②無分於東西，無分於上下乎？人性之善也，猶水之就下也。人無有不善，水無有不下。今夫水，搏而躍之③，可使過顙④；激而行之⑤，可使在山。是豈水之性哉？其勢則然也。人之可使為不善，其性亦猶是也。」（〈告子上〉二）

①**湍水**：湍水是指湧動的激流。
②**信**：誠然，確實。
③**搏而躍之**：拍水讓它向上飛濺。
④**顙**：額頭。

⑤**激而行之**：阻遏水勢讓它改變流向。

【語譯】告子說：「人性，如同湧動的激流，疏導它往東便往東流，疏導它往西便往西流。人性不分善與不善，就像水流不分往東或往西流一樣。」孟子說：「水確實沒有往東或往西流的分別，但是水流不分上下嗎？人性的善，就像水往低處流一樣；人沒有不善的，水沒有不往低處流的。今以水為喻，拍水讓它向上飛濺，可以高過人的額頭；阻遏水勢讓它改變流向，可以流向山坡；這難道是水的本性嗎？是外在的情勢迫使它這樣的。一個人可以使他做壞事，本性的改變也像這樣。」

(3)**孟子曰：「富歲，子弟多賴①；凶歲，子弟多暴。非天之降才爾殊②也，其所以陷溺其心③者然也。」（〈告子上〉七）**

①**賴**：懶惰。

②**爾殊**：如此不同。

③**陷溺其心**：使他的本心陷沒。

【語譯】孟子說：「豐收的年歲，少年子弟多半懶惰；災荒的年歲，少年子弟多半橫暴，不是天生資質如此不同，而是由於外部環境使他們的本心陷沒所致。」

(4)孟子曰：「……惻隱①之心，人皆有之；羞惡②之心，人皆有之；恭敬之心，人皆有之；是非之心，人皆有之。惻隱之心，仁也；羞惡之心，義也；恭敬之心，禮也；是非之心，智也。仁義禮智，非由外鑠③我也，我固有之也，弗思耳矣。故曰：『求則得之，舍④則失之。』或相倍蓰⑤而無算⑥者，不能盡其才⑦者也。」（〈告子上〉六）

①**惻隱**：惻音「側」，哀傷；隱，心痛。指因同情而感到難過和心痛。
②**羞惡**：惡，音「物」。感到羞恥而厭惡。
③**鑠**：音「碩」，鍛鍊打造，在此指由外力形塑而成。
④**舍**：通「捨」。
⑤**倍蓰**：蓰，音「洗」，五倍。指差別很大。
⑥**無算**：算，數。指差異大到無法計算。
⑦**才**：通「材」，天賦，在此指本性。

【語譯】孟子說：「……因同情而感到難過心痛的心情，其實人人都有；因感到羞恥而厭惡的心，人人都有；恭順尊敬的心，人人都有；明辨是非的心，人人也都有。憐憫傷痛的心，就是仁；羞恥厭惡的心，就是義；恭順尊敬的心，就是禮；明辨是非的心，就是智。仁、義、禮、智，並不是因為父母師長的教導、社會環境的規定而不得不遵守的教條，它是我們每個人內在本有的。只要探尋自己的內心，就可以發現它們真實的根苗，只是不去思索它罷了。所以說：『去尋求它便得到它，捨棄它便失掉它。』得到或失掉它的人，品德好壞相差一倍、五倍，甚至無數倍。之所以有這麼大差別，都是因為不能發揮善良本性的力量呀。」

(5)孟子曰：「……口之於味也，有同耆①焉；耳之於聲也，有同聽②焉；目之於色也，有同美焉。至於心，獨無所同然乎？心之所同然者何也？謂理也，義也。聖人先得我心之所同然耳。故理義之悅我心，猶芻豢③之悅我口。」（〈告子上〉七）

①**耆**：同「嗜」，對美味的愛好。

②**聽**：音感，此指悅耳的感覺。

③**芻豢**：音「除換」，指牛、羊、豬等食用的牲畜。

【語譯】孟子說：「……人們的嘴、舌頭對美味的愛好是具有共同性的；耳朵對於美聲的愛好是具有共同性的；眼睛對於美色是存在共同審美尺度的。那麼人們的心靈，單單就沒有共同需要、都願意接受的東西嗎？人們的心靈共同認可的東西是什麼呢？就是真理與道義（也就是上面說的「仁義禮智」之心）。這是聖人首先發現、總結出了我們心靈的需要。所以人們應該認識到真理與道義能夠滿足我們心靈的需要，能夠愉悅我們的心靈，就如同牛、羊、豬等肉類，能夠滿足我們的口味一樣。」

文意解析

第一則選文，針對告子的桮棬之喻，孟子認爲，若是把仁義完全看成是後天教養所成，將使人誤認爲仁義會違反、甚至傷害人的本性。

第二則選文，針對告子的湍水之喻，孟子認爲這樣的譬喻似是而非。因爲水的流向縱使不定，但必然往低處流，人的本性也同樣必然有爲善的動力。故可知，人若不爲善而爲惡，乃是外在環境使然。

第三則選文進一步說明，在富裕、貧乏的不同環境下，年輕人表現出來的性格偏差也各自不同。但這絕不能說，是他們天性就生成那樣的。他們之所以如此，只因爲他們善良的本心，受到環境不同的惡劣影響，才有種種偏差。

第四則選文，對孟子而言，「仁、義、禮、智」並不是因爲父母師長的教導、社會環境的規定而不得不遵守的教條。只要探尋自己的內心，就可以發現它們都有眞實的根苗——誰沒有惻隱、羞恥、恭敬和辨別是非的本能呢？人的好壞，差距極大，關鍵就在於：是否認識了自己心中善的力量。只要想找，就能得到它；如果拋棄了，也就失去了它。

第五則選文指出，人們在味覺、聽覺和視覺上，可以有著某種相同的愛好，人心對眞理與道義，同樣也有著共通的喜悅。道德義理並不是一種嚴格的自我要求，那是能讓生命充實悅樂的滋養，正如感官的享受一般。古往今來，許多世俗的價值觀確實大幅改變了，但也有著放諸四海而皆準的美善，永遠感動著人心。孟子的性善論，就以內心對善的喜悅愛好，乃至於不容已的爲善渴望，最令人矚目。

相關章句

公都子曰：「告子曰：『性無善無不善也。』或曰：『性可以爲善，可以爲不善；是故文武興，則民好善；幽厲①興，則民好暴。』或曰：『有性善，有性不善；是故以堯爲君而有象②；以瞽瞍③爲父而有舜；以紂爲兄之子且以爲君，而有微子啓④、王子比干⑤。』今曰『性善』，然則彼皆非與？」

孟子曰：「乃若其情⑥，則可以爲善矣，乃所謂善也。若夫爲不善，非才⑦之罪也。惻隱之心，人皆有之；羞惡之心，人皆有之；恭敬之心，人皆有之；是非之心，人皆有之。惻隱之心，仁也；羞惡之心，義也；恭敬之心，禮也；是非之心，智也。仁義禮智，非由外鑠我也，我固有之也，弗思耳矣。故曰：『求則得之，舍則失之。』或相倍蓰而無算者，不能盡其才者也。詩⑧曰：『天生蒸民，有物有則⑨。民之秉夷⑩，好是懿德⑪。』孔子曰：『爲此詩者，其知道⑫乎！』故有物必有則；民之秉夷也，故好是懿德。」（告子上（六））

①**幽厲**：周幽王、厲王。兩人都是昏闇無道之君。

②**象**：舜異母弟，多次想謀害舜。

③**瞽瞍**：音「古叟」，瞽、瞍都指目盲。瞽瞍一作「瞽叟」，爲傳說中舜的父親。因其屢次欲殺舜，世人譏其有眼不識賢愚，故稱爲「瞽瞍」。

④**微子啟**：紂的庶兄，武王代商後，向微子問爲政之法，並將他封於宋國，孔子稱爲仁人。

⑤**王子比干**：紂的叔父，因力諫而被紂王殺害，孔子稱爲仁人。

⑥**乃若其情**：乃若，發語詞。情，眞實的本性。順著眞實的本性。

⑦**才**：通「材」，材質，指人的本質。

⑧**《詩》**：指《詩經．大雅．烝民》。

⑨**天生蒸民，有物有則**：蒸民，《詩經》作烝民，衆民，指人類。上天生育人類時，對每件事物都賦予了準則。

⑩**秉夷**：秉，持。夷，《詩經》作「彝」，常，有美善的意思。指人所秉持的美好的常性。

⑪**好是懿德**：喜好這些美德。

⑫**知道**：指知曉人性之理。

【語譯】公都子問孟子：「告子說：『人性無所謂善，也無所謂不善。』有人說：『人性可以為善，也可以為不善。所以文王、武王興起，人民就喜歡行善；幽王、厲王興起，人民就喜歡行暴。』也有人說：『有的人本性是善的，有的人本性是不善的。所以聖明的堯當國君的時代，卻有暴戾的象；有不明事理的父親瞽瞍，卻有純孝的舜；以紂這種殘暴的人做姪子，而且立之為君王，卻有微子啓、王子比干這樣忠良的臣子。』現在老師說人性都是善的，難道他們說的都錯了嗎？」

孟子說：「順著真實的本性，便可以行善，這便是我說的性善。如果有人不善，不能歸罪於他的本性不好。因同情而感到難過傷痛的心情，其實人人都有；因感到羞恥而厭惡的心，人人都有；恭順尊敬的心，人人都有；明辨是非的心，人人也都有。憐憫傷痛的心，就是仁；羞恥厭惡的心，就是義；恭順尊敬的心，就是禮；明辨是非的心，就是智。仁、義、禮、智，並不是因為父母師長的教導、社會環境的規定而不得不遵守的教條，它是我們每個人內在本有的。只要探尋自己的內心，就可以發現它們真實的根苗，只是不去思索它罷了。所以說：『去尋求它便得到它，捨棄它便失掉它。』得到或失掉它的人，品德好壞相差一倍、五倍，甚至無數倍。之所以這麼大差別，都是因為不能發揮善良本性的力量呀。」詩經上說：『天生萬民，凡是有事物就有法則。人民所秉持的常性，都喜愛這種美德。』孔子說：『寫這首詩的人，他知道人性的道理啊！』所以說凡有事物就必定有法則；人民能秉持常道，自然便喜歡這種美德。」

(1)你曾經為哪些人的愛心奉獻或無悔犧牲而動容？誰又是你的行善典範？他們在社會上發揮了何種影響力？請說明他們的具體事蹟，以及你想向他們學習的原因。

(2)你曾經接受過別人的幫助，或對別人伸出過援手嗎？當時有什麼心情和感受？請與大家分享你的經驗。

第三節　孟子的抉擇：本善的天性與道德的生命

選文與註釋

(1)公都子問曰：「鈞①是人也，或爲大人，或爲小人，何也？」

孟子曰：「從其大體②爲大人，從其小體③爲小人。」

曰：「鈞是人也，或從其大體，或從其小體，何也？」

曰：「耳目之官④不思而蔽於物⑤，物交物⑥，則引之⑦而已矣。心之官則思，思則得之，不思則不得也。此天之所與我者，先立乎其大⑧者，則其小者弗能奪也。此爲大人而已矣。」（〈告子上〉十五）

①**鈞**：通「均」。

②**大體**：生命中尊貴的部分，此指能自作主張、決定價值的良知本心。

③**小體**：生命中次要的部分，此指耳目感官。

④**耳目之官**：耳目感官，在此代表各種感官。

⑤**不思而蔽於物**：沒有反思能力，會因外物誘引而被蒙蔽。

⑥**物交物**：外物與感官交互作用。前一「物」字指外物，後一「物」字指沒有反思能力的感官。

⑦**引之**：「之」指感官。感官遭牽引而去，失去純眞的好惡。

⑧**立乎其大**：由大體即良知本心作主。

【語譯】公都子問孟子說：「同是人，有的是大人，有的是小人，是什麼原因呢？」

孟子說：「遵從良知本心去做事，就是大人，遵從耳目感官的慾望去做事，就是小人。」

公都子說：「同是人，有的能依照良知本心去做事，有的卻依照耳目感官去做事，這又是為什麼呢？」

孟子說：「耳目感官沒有反思能力，會因外物誘引而被蒙蔽；感官與外物交互作用，就受外物的引誘，遭牽引而去，失去純真的本心了。心這個器官，是會思考感受的，能夠思考感受，就能懂得那道理；不能思考感受，就不能懂得那道理。這是天所給我們的本性。先立定良知本心，由大體做主，那小體的耳目之類就不能奪移心志了，就成為所謂的大人呀！」

(2) 孟子曰：「人皆有不忍人之心①。先王有不忍人之心，斯有不忍人之政矣。以不忍人之心，行不忍人之政，治天下可運之掌上②。所以謂人皆有不忍人之心者，今人乍見孺子將入於井，皆有怵惕③惻隱之心。非所以內交④於孺子之父母也，非所以要譽⑤於鄉黨朋友也，非惡其聲⑥而然也。由是觀之，無惻隱之心，非人也；無羞惡之心，非人也；無辭讓之心，非人也；無是非之心，非人也。惻隱之心，仁之端⑦也；羞惡之心，義之端也；辭讓之心，禮之端也；是非之心，智之端也。人之有是四端也，猶其有四體也。有是四端而自謂不能者，自賊⑧者也；謂其君不能者，賊其君者也。凡有四端於我者，知皆擴而充之矣，若火之始然⑨，泉之始達。苟能充之，足以保四海；苟不充之，不足以事父母。」（〈公孫丑上〉六）

①**不忍人之心**：不忍他人受害之心。
②**運之掌上**：像在手掌上轉動一般，形容十分容易。
③**怵惕**：怵惕音「處替」，驚恐。
④**內交**：內，同「納」。結交。
⑤**要譽**：要，音「腰」。博取名聲。
⑥**惡其聲**：惡，音「物」。厭惡自己背負沒有同情心的惡名。
⑦**仁之端**：端，開端。指惻隱之心是仁的根芽，仁就是由它長成的。
⑧**自賊**：賊，殘害。賊害自己。
⑨**火之始然**：剛燃燒時。然，同「燃」。

【語譯】孟子說：「凡是人都有不忍見人受害的心。古代的君王有不忍見人受害的心，才施行不忍見人受害的仁政。以不忍他人受害的心，施行不忍見人受害的仁政，治理天下，便如把珠子放在手掌上轉動一般的容易。

之所以說人人皆有不忍見人受害的心：例如現在有人忽然看見一個小孩將要掉到井裏去，都會產生驚駭恐懼和憐憫的心；這種反應並不是想要結交那孩子的父母，也不是想要博得鄰里朋友們的稱譽，更不是怕背負沒有同情心的惡名才這樣做的。

如此看來，沒有因同情而感到難過傷痛的心情，不算是人；沒有羞恥厭惡的心，不算是人；沒有辭謝謙讓的心，不算是人；沒有分辨是非的心，不算是人。憐憫傷痛的心，是仁的發端；羞恥厭惡的心，是義的發端；辭謝謙讓的心，是禮的發端；分辨是非的心，是智的發端。人有這四個善端，如同人有四肢一樣；有這四端卻說自己做不到，是戕害自我本性的人；說他的國君不能行善，便是賊害國君的人。

凡是瞭解在每人心中都擁有四個善端的人，都知道將它加以推廣和充實，如同火的開始燃燒，泉水的開始湧出。如果能擴充本心善性，就足以保有天下；如果不能擴充本心善性，就不足以侍奉自己的父母。」

文意解析

第一則選文提出一個攸關人性的大問題：如果人人都有善性，爲什麼有人成爲「大人」，有人只是「小人」呢？孟子說，關鍵在於他聽從生命本性中哪個部分的指引。

從耳目感官到飲食男女，這些都是與生俱來的本能，卻並不可貴，孟子稱爲「小體」。追求感官經驗滿足的人，等於讓欲望做生命的主人，因而成爲不足道的「小人」。人心能夠反思，指引道德價值，使人得以有別於禽獸，這是最珍貴的生命本性，孟子稱之爲「大體」。因此，只要讓道德本性發揮指引作用，人就不會受到感官欲望所左右，如此才能頂天立地，成爲擔得起人群重責大任的「大人」。「大人」與「小人」指的不只是社會地位，而是一個人生命尊嚴的高低。

怎麼證明人眞的擁有道德的本能呢？第二則選文可說是孟子經典性的論述。孟子首先強調，每個人都有「不忍人之心」，也就是對人的同情心。設想有個小孩爬呀爬，爬到井口，即將跌落井裏去。你若突然看見這一幕，心中會不會本能地感覺驚駭和心痛？這種不忍之心，顯然不爲任何功利的目的而發，在剎那之間，更來不及想到任何的道德教訓，可見這正是人心中善良本能的證明。

如果舉一反三，就會想到，人的善良本心應該不限於惻隱之心。就像做錯事的時候，誰的心底不感到羞恥？看見心中尊敬的人，誰不會自然的謙遜退讓？發現是非顛倒、指鹿爲馬時，誰不會在心底喊一聲：「這不對」？孟子說，「惻隱、羞惡、辭讓、是非」是每個人本有的四種善端；「仁、義、禮、智」就是由四端實現而來的。只要好好呵護四端，讓它們擴充開展，就會像點燃火苗、流出泉水般不斷壯大，乃至於可以保護全體人類。如果不理會四端呢？很可能連親情都會喪失。人有自然生命的本能，即告子所說的「食色之性」，這點孟子不否認，他也同意外在環境對人的成長大有影響。但他強調，人畢竟不止於此。每個人內心的善的本能，是人性尊嚴之所在；人類最終的希望也寄託於這人性的光輝。

相關章句

(1)孟子曰：「魚，我所欲也；熊掌，亦我所欲也，二者不可得兼，舍魚而取熊掌者也。生，亦我所欲也；義，亦我所欲也，二者不可得兼，舍生而取義者也。生亦我所欲，所欲有甚於生者①，故不爲苟得②也；死亦我所惡，所惡有甚於死者③，故患有所不辟④也。如使人之所欲莫甚於生，則凡可以得生者，何不用也？使人之所惡莫甚於死者，則凡可以辟患者，何不爲也？由是則生而有不用也，由是則可以辟患而有不爲也。是故所欲有甚於生者，所惡有甚於死者，非獨賢才有是心也，人皆有之，賢者能勿喪⑤耳。一簞食，一豆羹⑥，得之則生，弗得則死，嘑爾⑦而與之，行道之人⑧弗受；蹴爾⑨而與之，乞人不屑⑩也；萬鍾⑪則不辨禮義而受之。萬鍾於我何加⑫焉？爲宮室之美、妻妾之奉、所識窮乏者得⑬我與？鄉⑭爲身死而不受，今爲宮室之美爲之；鄉爲身死而不受，今爲妻妾之奉爲之；鄉爲身死而不受，今爲所識窮乏者得我而爲之，是亦不可以已⑮乎？此之謂失其本心⑯。」（告子上（十））

①**所欲有甚於生者**：所想要的事物，有比生命更重要的。指「義」。

②**苟得**：苟且得生。

③**所惡有甚於死者**：所厭惡的事物，有比死亡更嚴重的。指「無義」。

④**辟**：通「避」。

⑤**勿喪**：指保有羞惡之心而不喪失。

⑥**一豆羹**：豆，盛裝羹湯的木質容器。一碗羹湯。

⑦**嘑爾**：嘑，音「呼」。大聲呵叱的樣子。

⑧**行道之人**：路人，指一般人。

⑨**蹴爾**：蹴，音「促」。踐踏的樣子。

⑩**不屑**：屑，潔。感到受污辱而不願接受。

⑪**萬鍾**：鍾，古代計算穀物的容量單位，一鍾等於六斛四斗。指厚祿。

⑫**加**：增益。

⑬**得**：得，通「德」。動詞，感激他人的恩惠。

⑭**鄉**：音「向」，通「曏」，以前。

⑮**已**：停止，拒絕。

⑯**本心**：在此特指羞惡之心。

【語譯】孟子說：「魚，是我喜愛的；熊掌，也是我喜愛的；這兩樣如果不能同時得到，我便捨棄魚而取熊掌。生命，是我喜愛的；仁義，也是我喜愛的；這兩樣如果不能同時得到，我便捨棄生命而取仁義。生命是我喜愛的，但我所喜愛的事物有比生命更重要的，所以不會苟且行事以求保全生命。死亡是我厭惡的，但我所厭惡的事物有比死亡更甚的，所以有些禍害來臨也不去避免。如果人所喜愛的沒有比生命更重大，那麼凡是可以保存生命的方法，有什麼不能使用呢？如果人所厭惡的沒有比死亡更甚的，那麼凡是可以避免禍害的方法，有什麼不能去做呢？照這樣做，就可以保全生命，有時卻不肯去做；照這樣做，就可以避免禍害，有時卻也不肯做。所以人所喜愛的有比生命更重要的，所厭惡的有比死亡更甚的，並非只有賢人才有這樣的心志，其實一般人都有，只是賢人能夠維持而不喪失罷了。一竹簍食物，一小碗羹湯，得到便能活下來，得不到便會餓死。在這種情況下，如果很輕蔑地大聲呵叱給人，路過的飢民也不會接受；如果用腳踐踏再給人，那連乞丐也不屑要了。然而如果有萬鍾的厚祿，不分辨是否合乎禮義就接受了，是問那萬鍾厚祿對我有什麼益處呢？是為了房屋的華美，妻妾的供養，或者是為了讓窮朋友感激我的恩惠？以前寧可餓死也不接受的，現在為了房屋的華美卻接受了；以前寧可餓死也不接受的，現在為了妻妾的供養卻接受了；以前寧可餓死也不接受的，現在為了讓窮朋友感激我的恩惠卻接受了，這難道不可以拒絕嗎？像這樣這就叫做喪失了本心啊！」

(2)孟子曰：「盡其心者，知其性也①。知其性，則知天②矣。存其心，養其性③，所以事天④也。殀壽不貳⑤，修身以俟之⑥，所以立命⑦也。」（〈盡心上〉一）

①**盡其心者，知其性也**：盡，充分體現。心，本心。指充分體現仁義禮智的本心，就能

瞭解人的本然善性。

②**知天**：瞭解上天給人的指引。另一說，瞭解天德的純然至善。

③**存其心，養其性**：存養本心、善性。

④**事天**：奉行上天的指引。

⑤**殀壽不貳**：殀，音「咬」，短命而死；不貳，相同，不改變心意。不管壽命長短，都堅定專一。

⑥**俟之**：俟，音「似」，等待。等待生命的完成。

⑦**立命**：樹立天命，亦即善盡天職。

【語譯】孟子說：「充分體現仁義禮智的本心，就能瞭解人的本然善性。知道人的本性，就瞭解上天給人的指引。存養本心、善性，這就是奉行上天的指引。不管壽命長短，都堅定專一，等待生命的完成，這就是善盡我們的天職。」

問題與討論

(1)倘佯在山林、海濱的時候，拋下累贅的垃圾不是很方便嗎？在校外公共服務時，偷點懶又有何妨？作弊有什麼不好？比賽時用假動作欺騙裁判有何不可？說說看，為什麼要遵守道德規範？

(2)孟子用「乍見孺子將入於井」的故事，證明在每個人的內心裏，本然有著惻隱之心。你自己有沒有類似「惻隱、羞惡、辭讓、是非」的本能體驗呢？請與大家分享。

第四單元

發現生命的太陽

前言

每個人的本性之中，皆蘊藏著上天賜予的道德能量，可以像太陽般溫暖世間的每一個陰暗角落。然而，這樣的光亮時常被世俗雜務、功名利欲遮掩，必須不斷地撥開這些阻礙，才能重新尋回那耀眼的光芒，繼續發光發熱。

在現行考試領導教學的教育環境下，求學有逐漸功利化與工具化的趨勢，讀書成爲無謂的負擔，考試就像一頭龐然怪獸般威脅著青春奔放的學生們。不僅如此，社會中又充斥著價值混淆的亂象、聲色犬馬的誘惑，使學子每每被欲望牽引，常處於騷動不安的狀態。孟子可以說是中國古人中最爲知「心」的朋友，若經他提點，而能發現生命的太陽，就不會再徬徨，可以坦蕩蕩地走在人生的康莊道路上。所以，本單元將分爲三節：「把失去的本心找回來」、「一步一步走出心的大道」、「君子的快樂方程式」，引領大家認識孟子的「求心大法」。

第一節　把失去的本心找回來

選文與註釋

(1)孟子曰：「牛山①之木嘗美矣，以其郊②於大國也，斧斤伐之，可以爲美乎？是其日夜之所息③，雨露之所潤，非無萌蘖④之生焉，牛羊又從而牧之，是以若彼濯濯⑤也。人見其濯濯也，以爲未嘗有材焉，此豈山之性也哉？雖存乎人者，豈無仁義之心哉！其所以放其良心⑥者，亦猶斧斤之於木也，旦旦而伐之，可以爲美乎？其日夜之所息，平旦之氣⑦，其好惡與人相近也者幾希⑧。則其旦晝之所爲，有⑨梏亡之⑩矣。梏之反覆，則其夜氣⑪不足以存；夜氣不足以存，則其違⑫禽獸不遠矣。人見其禽獸也，而以爲未嘗有才⑬焉者，是豈人之情也哉？故苟⑭得其養，無物不長；苟失其養，無物不消。孔子曰：『操⑮則存，舍⑯則亡；出入無時，莫知其鄉⑰。』惟心之謂與！」（〈告子上〉八）

①**牛山**：齊國山名，在今山東省臨淄縣南。
②**郊**：動詞，鄰近。
③**息**：生長。
④**萌櫱**：萌，草木的新芽。櫱，音「孽」，旁出的新枝。植物新生的枝芽。
⑤**濯濯**：光潔的樣子，指山無草木。
⑥**放其良心**：放，放失。良心，人與生俱來的良善之心。放失人本具的良善之心。
⑦**平旦之氣**：平旦，天將亮而未亮的時候。指人還沒有和外物接觸時的清明之氣。
⑧**幾希**：幾，音「基」，推測語氣。希，同「稀」，很少。
⑨**有**：音「右」，同「又」。
⑩**梏亡之**：梏，音「故」，攪亂。讓平旦之氣散亡消失。
⑪**夜氣**：入夜後經沉澱而生的清明純淨之氣，猶如「平旦之氣」。
⑫**違**：距離。
⑬**才**：善的材質。
⑭**苟**：如果，假設語氣。
⑮**操**：把持。

⑯**舍**：同「捨」，捨棄。
⑰**鄉**：音「向」，同「嚮」，今作「向」，方向。

【語譯】孟子說：「牛山上的樹木曾經很茂美過。因為鄰近都城，城裏的人們時常拿著斧頭、斫刀上山砍伐，山上的樹木還能夠茂美嗎？它經過日夜不停的生長，雨露的滋潤，並不是沒有嫩芽新枝長出來，可是隨著牛羊在那兒放牧、嚙食，所以就像現在這樣光禿禿的。人們看它光光禿禿的，就以為山上未曾有過樹木，這哪裏是山原來的本性呢？（據此推想）存在人身上的，難道沒有仁義之心嗎？人會亡失這本然善心的緣故，也就像斧頭、斫刀對樹木的砍伐一樣。天天砍伐它，還會長得茂美嗎？一個人經整夜的存養，在天將亮而未亮、尚未和外物接觸時自有一股清明之氣，其好惡和每個人都有的人性良知有些相近。可是白天的所作所為，又把那清明之氣攪亂亡失了。一再地攪亂亡失，夜間所存養的清明之氣就不能保存；清明的夜氣不能保存，那就和禽獸相差不遠了。人們看他的作為和禽獸一樣，便以為他未曾有善的才質，這哪裏是人的真實本性呢？所以說，如果能得到適當的培養，沒有不會好好生長的事物；如果失去培養，沒有不歸於消亡的事物。孔子說：『把持它就能存在，捨棄了就會亡失；它的出現與消失沒有一定的時間，也不知道它去向何方。』說的就是人的本心吧！』」

(2)孟子曰：「仁，人心①也；義，人路②也。舍其路而弗由③，放其心而不知求，哀哉！人有雞犬放，則知求之；有放心④，而不知求。學問之道無他，求其放心而已矣。」（〈告子上〉十一）

①**人心**：人的善心。
②**人路**：人行事必須遵循的大路。
③**由**：經過。
④**放心**：放，放失；丟失的良心。

【語譯】仁德，是人的善心；正義，是人要遵循的道路。捨棄仁義的大路不走，良心丟了也不想找回來，這真是最大的悲哀呀！若有人的雞隻或狗兒不見了，他會費盡心力去尋找；自己的良心泯滅消失了，卻不知道去找回來（這不是糊塗嗎？）。求學問沒有其他捷徑，只要把走失的良心找回來就對了。

文意解析

第一則選文，藉由「牛山濯濯」的比喻，要我們先正視「心」的危機。光禿禿的牛山眞的天生如此嗎？其實不然。牛山會不斷長出草木嫩芽，但怎禁得住斧頭一再砍伐、牛羊終日啃食呢？孟子用這樣的比喻來說明「心」的危機。由於生活裏布滿各種誘因和傷害，人們往往丟失了良心。即使如此，只要經過休養生息，也會油然生出清明純淨之氣，讓身心煥然一新，重新成為能自我作主的人。「心」是最自由的，「出入無時，莫知其鄉」，來去無蹤。只要時時覺醒，存養良心，它就不會消失。但若不想理會它，良心便會失蹤——這可是多麼深切的警告啊！

第二則選文說明：「仁」是人們良善的本心，對人、對物自發的關愛；「義」是人生正大的道路，待人處事適當的指引。二者都是我們生命的珍寶。但在放蕩而不自覺的狀況下，捨棄正路不走，丟失了本心而不知道尋求，人就會成為習氣、欲望的奴隸，這是很可悲的。人若是走失了雞、犬，都知道要去尋回，那麼，丟失了使我們與禽獸有別的仁義之心，怎能毫不在意呢？學習生命的智慧，關鍵就在於把放失的良心找回來。請聆聽自己「心」的呼喚吧！

相關章句

(1)王子墊①問曰：「士何事？②」孟子曰：「尚志③。」曰：「何謂尚志？」曰：「仁義而已矣。殺一無罪，非仁也；非其有而取之，非義也。居惡在？仁是也；路惡在？義是也。居仁由義，大人之事備矣。」（〈盡心上〉三三）

①**王子墊**：齊君之子，名墊。

②**士何事**：士應當做什麼事？

③**尚志**：尙，動詞。使自己的心志高尙。

【語譯】王子墊問道：「士該做什麼事？」孟子說：「要使自己的心志高尚。」王子墊問：「怎樣做才能使心志高尚？」孟子說：「存著仁義之心吧！殺死一個無罪的人，是不仁；不是自己的東西卻去占有，是不義。我們應居住的地方在哪裏？存著仁心便是；遵行的道路在哪裏？行義便是。存仁心而行于義，有遠大志向者的事業便齊備了。」

(2)孟子曰：「自暴①者，不可與有言也；自棄②者，不可與有爲也。言非③禮義，謂之自暴也；吾身不能居仁由義，謂之自棄也。仁，人之安宅④也；義，人之正路也。曠安宅而弗居，舍正路而不由，哀哉！」（〈離婁上〉十）

①**暴**：賊害。

②**棄**：放棄。

③**非**：動詞，詆毀。

④**安宅**：可安居的住宅。

【語譯】孟子說：「自己賊害自己的人，不能和他談論善道。自己放棄自己的人，不能和他一起實踐善事。出言詆毀禮義，這叫做自暴。認為自己不能以仁為自己的存心，不能依義行事，這叫做自棄。仁，是人可安居的住宅；義，是人正大的道路。空著安適的住宅不住，捨棄正大的道路不走，真是可悲啊！」

(1) 你有不安心的經驗嗎？在不安心的時候你都如何自處？又如何恢復心的寧靜？

(2) 孟子提到的「平旦之氣」，是指生命中的清明時刻。你曾經在深夜或凌晨時分，感受到有別於白日的寧靜嗎？或者在什麼時刻，你最能靜下心來思考？

(3) 孟子說：「學問之道無他，求其放心而已矣。」在你自己的成長和學習經驗中，有沒有類似的感受？請與大家分享。

第二節　一步一步走出心的大道

選文與註釋

(1) 孟子曰：「孔子登東山①而小魯②，登太山③而小天下。故觀於海者難爲水④，遊於聖人之門者難爲言⑤。觀水有術，必觀其瀾⑥。日月有明，容光⑦必照焉。流水之爲物

也，不盈科不行⑧；君子之志於道也，不成章不達⑨。」（〈盡心上〉二四）

①**東山**：魯城東之高山。
②**小魯**：小，動詞。以魯為小。
③**太山**：泰山，五岳之首。
④**觀於海者難為水**：看過大海的人，別的河流對他便很難有吸引力了。
⑤**遊於聖人之門者難為言**：在聖人門下學習過的人，別的言論主張對他便很難有吸引力了。
⑥**瀾**：大波浪。
⑦**容光**：僅容光線穿透的縫隙。
⑧**不盈科不行**：盈，滿。科，坎，坑洞。流水不填滿坑洞，就不能再向前流動。
⑨**不成章不達**：德行修為不蓄積到某一完備的程度，就不能前進到更通達的境地。

【語譯】孟子說：「孔子登上東山，便覺得魯國很小；登上泰山，便覺得天下也不大。所以看過大海的人，別的河流對他便很難有吸引力了；在聖人門下學習過的人，別的言論主張對他便很難有吸引力了。觀賞水有方法，必須觀賞它壯闊的波瀾，好比太陽月亮有耀眼的光輝，一有可容納光線穿透的縫隙就能被照到。水流這種東西，不填滿坑洞，就不能再向前流動；君子志在行道也一樣，他的德行修為不蓄積完備，就不能前進到更通達的境地。」

(2)**孟子曰：「君子之於物①也，愛之而弗仁②；於民也，仁之而弗親③。親親而仁民，仁民而愛物。」**（〈盡心上〉四五）

①**物**：自然萬物。

②**愛之而弗仁**：愛惜萬物，但不同於對人民般有推己及人的同情關懷。

③**仁之而弗親**：同情關懷人民，但不同於對親人般眷愛不捨。

【語譯】孟子說：「君子對於自然萬物，愛惜它，但不同於對人民般有推己及人的同情關懷；君子對待民眾，同情關懷人民，但不同於對親人般眷愛不捨。君子由親近愛護自己的家人，推廣到關懷民眾，再普及到以愛護的行動去對待自然萬物。」

(3)**孟子曰：「人有恆言①，皆曰『天下國家』。天下之本在國②，國之本在家③，家之**

本在身④。」（〈〈離婁上〉五）

①**恆言**：常言，常說的話。

②**國**：指諸侯之國。

③**家**：指公卿大夫之家。

④**身**：自身。

【語譯】孟子說：「人們常常說「天下國家」。天下的根本在諸侯的國；一國的根本在公卿大夫的家；一家的根本就在每個人自身。」

文意解析

第一則選文，孟子以「登山」、「觀海」作比喻，強調人向學求道，應先如登高望遠般開拓崇高、恢弘的襟懷。他闡明聖人之道博大高深，如高峻的山嶺、壯闊的海洋、光明的日月。他又以流水比喻君子學道，必須有本有源，循序漸進，在每個階段都積累深厚，才能不斷通往更高遠的境地。

第二則選文，孟子把待人接物依照親疏關係分爲親親、仁民和愛物，說明情意的深淺和培養的先後。親情是天生的，一般來說，家人間的情感，應該是父慈子孝、兄友弟恭，充滿愛意。然而家人感情雖屬天倫，但也需要呵護經營，這就是所謂的「親親」。「仁民」是指對衆人的同情之愛，從對親人的愛心推廣擴大，會懂得對年長者謙讓有禮，對年幼者疼愛照顧，這就是推己及人之愛。「愛物」則是指珍惜供我們生存使用的一切萬物。任何一樣東西能爲我們所用，莫不是經由自然的蘊育生成或他人的付出努力，値得珍惜，也應該感謝。

相較於「親親——仁民——愛物」由內而外的開拓推擴，第三則選文是由外而內的推本探源。「家」在孟子時代是公卿大夫的勢力基礎，「國」指諸侯之國，「天下」則指由各國所組成的世界，在政治上軌道時天下可以合爲一體。孟子說，不要迷失「天下國家」的根本，最終的根本就在一己之「身」。顧炎武說：「天下興亡，匹夫有責。」個人是社會的基礎，自己便是改變世界的根源。一切理想只有從自己做起，步步推擴，才能有成。

相關章句

(1)孟子曰：「愛人不親反①其②仁，治人不治反其智，禮人不答反其敬。行有不得者，

皆反求諸己；其身正而天下歸之。詩③云：『永言配命，自求多福④。』」（〈離婁上〉四）

①**反**：反省。

②**其**：指自己。

③**詩**：引文見於《詩經．大雅．文王》。

④**永言配命，自求多福**：言，助詞。配，合。命，天命。永遠配合天命，靠自己的努力尋求各種幸福。

【語譯】孟子說：「我愛人家，而人家卻不親近我，我就該反省自己的仁德是否不足；我管理人家，管理沒有績效，我就該反省自己的智慧是否不足；我以禮待人，而人家卻不回應我，我就該反省自己的恭敬之意是否不足。凡所行的事，不能得到預期效果的時候，就要回頭來在自己的身上尋求原因；自身正了，天下的人自然都會來歸服。詩經上說：『永遠配合天命，靠自己的努力尋求各種幸福。』」

(2)**徐子①曰：「仲尼亟②稱於水，曰：『水哉，水哉！』何取於水？」**

孟子曰：「原泉③混混④，不舍晝夜。盈科而後進，放⑤乎四海，有本者如是，是之取爾。苟爲無本，七八月之閒雨集⑥，溝澮⑦皆盈；其涸⑧也，可立而待也。故聲聞⑨過情⑩，君子恥之。」（〈離婁下〉十八）

①**徐子**：孟子弟子。
②**亟**：音「氣」，屢次、每每。
③**原泉**：原，源。有源頭的水。
④**混混**：混，同「滾」。波浪翻湧的樣子。
⑤**放**：音「訪」，至。
⑥**集**：聚。
⑦**溝澮**：澮，音「快」。田間水道，小者曰溝，大者曰澮。
⑧**涸**：音「合」，乾。
⑨**聲聞**：聞，音「問」。名譽。
⑩**情**：實際的狀況。

【語譯】徐子問孟子說：「從前孔子屢次稱讚水說：『水呀，水呀。』究竟水有什麼可取的地方呢？」孟子答道：「有源頭的泉水，滾滾地湧出來，不分日夜地流個不停，流滿了坑坎，然後再繼續向前進行，一直流到四海裏去；這是有源頭的水的才能如此，就是取這個用義啊！若是沒有源頭的水，那就像七八月之間，突然降下雨，雨水聚集，田間水溝都漲滿了；但雨一停止，沒多久它就乾涸了。所以虛名超過了實際的狀況，君子認為是可恥的事。」

問題與討論

(1)你是否讀過關於登高望遠一類體驗的文章？比較一下，文中描述的感受與「登太山而小天下」有沒有不同？

(2)當孟子以「親親、仁民、愛物」來表示愛是有差等的；墨子主張的「兼愛」則強調愛應當無分別。你比較認同哪一位的主張？為什麼？

(3)庭是社會的基礎，在當今的社會裏，它有著各種不同的樣貌。我們當以什麼樣的態度面對自己的家庭，以及各式各樣的家庭形態呢？

第三節　君子的快樂方程式

選文與註釋

(1)孟子曰：「廣土眾民，君子欲之，所樂不存焉。中天下而立①，定四海之民，君子樂之，所性不存焉。君子所性，雖大行②不加焉，雖窮居不損焉，分定③故也。君子所性，仁義禮智根④於心。其生色也，睟然⑤見於面，盎⑥於背，施⑦於四體⑧，四體不言而喻⑨。」（〈盡心上〉二一）

①**中天下而立**：居於天下中央，指統治天下。
②**大行**：普施德政於天下。
③**分定**：分，音「奮」，本分。受之於天的本分不會改變。
④**根**：動詞，植根。
⑤**睟然**：睟，音「歲」。清和溫潤的樣子。

⑥**盎**：音「昂」，去聲，動詞，顯現。
⑦**施**：延伸。
⑧**四體**：手足四肢。
⑨**喻**：知曉。

【語譯】孟子說：「擁有廣闊的土地、眾多的人民，這是君子所想望的，但卻不是他的快樂所在；統治著天下，安定天下的百姓，這是君子的快樂，但卻不是他的本性所在。君子的本性，縱使能普施德政於天下也不會增加，縱使遭遇窮困的境界也不會減少，因為他受之於天的本分不會有任何改變。君子的本性，仁義禮智就植根於內心，從這本心所自己發露於外表的神色，將有一種清和潤澤的神色呈現於臉面，也顯現於肩背，延伸於四肢，四肢的動作呈現，不用言語別人也能知曉。」

(2)孟子曰：「君子有三樂，而王天下①不與存②焉。父母俱存，兄弟無故③，一樂也。仰不愧於天，俯不怍④於人，二樂也。得天下英才而教育之，三樂也。君子有三樂，而王天下不與存焉。」（〈盡心上〉二十）

①**王天下**：王，音「忘」。統治天下。
②**不與存**：與，音「玉」，參與。不算在內。
③**故**：變故。
④**怍**：音「作」，慚愧。

【語譯】孟子說：「君子有三件樂事，其中並不包括統治天下萬民。雙親健在，兄弟姊妹沒有變故，這是第一件樂事；對上不愧於天，對下不愧於人，這是第二件樂事；擁有一批才華出眾的學生，盡己所知地教育他們，這是第三件樂事。讓君子快樂的三件樂事，並不包括統治天下萬民啊！」

(3)孟子曰：「君子深造之以道①，欲其自得②之也。自得之，則居之安；居之安，則資③之深；資之深，則取之左右逢其原④。故君子欲其自得之也。」（〈離婁下〉十四）

①**深造之以道**：造，至。依循正道，達到深入精微的境界。
②**自得**：自覺地有所得。

③**資**：憑藉。

④**原**：同「源」，水源。

【語譯】孟子說：「君子依循正道，以求達到深入精微的境界，這所體會到的心得希望都是自己領悟得來的。是自己領悟的心得，就能堅定不移地安處；能堅定不移地安處，就可以深切地以為自身行事的憑藉；可以深切地以為自身行事的憑藉，才能不論讀書行事，隨處都能與源頭相呼應，取之不盡，用之不竭。所以君子為學要求自己的體悟。」

文意解析

在第一則選文裏，孟子教導我們分辨，君子希望的、會快樂的，以及眞正內在的滿足各是什麼。君子希望能治國安民，但他不會因爲擁有廣大的國土與人民而快樂，只有當天下走上正道、人民享有幸福，他才會感到快樂。然而，這些能否達成並不完全操之在己，是以君子內心的滿足與此無關。唯有通過本心本性的修養，實踐仁、義、禮、智等完滿的善，才能夠享有內心的滿足；這一根植於內心的快樂，不論成敗窮通都奪不走。同時，通過內心修養而得到的滿足，倒也不是看不見的：心靈的滋養足以令人面貌神色純正溫和，舉手投足閒雅大方，無論顧盼言笑，都自然流露出從容自在、清和溫厚的涵養。

第二則選文，孟子提出君子有三樂：一在天倫，是親人平安和諧之樂；二在修身，是心無愧怍之樂；三在生命理想的傳承，是師友之樂。統治天下雖為富貴之極，但孟子特別指出，那並非君子最重視的事情。試想，掌握大權的人，有幾個眞的是快樂的？就算有些人自認為快樂，但有幾個人眞的得到心靈的滿足？孟子提醒我們，別捨近求遠，應關切最貼近生命的人與事，家人、心靈與生命智慧的延續，才是最值得珍惜的幸福泉源。

第三則選文，孟子指出，我們如果能依循正確的方法來擴充內心的仁、義、禮、智，便是「深造之以道」，如此必能在實踐中成長，自然地領會生命的美好，且能讓心靈純淨平和，從中感受到力量。一旦自己憑藉著經驗與智慧而更加純熟後，就會發覺不論讀書、生活或做事，都能觸類旁通，好像隨時遇到源頭活水，取之不盡，用之不竭。

相關章句

(1)浩生不害①問曰：「樂正子，何人也？」孟子曰：「善人也，信人也。」「何謂善？

何謂信？」曰：「可欲之謂善②，有諸己之謂信③。充實之謂美④，充實而有光輝之謂大⑤，大而化之之謂聖⑥，聖而不可知之之謂神⑦。樂正子，二之中，四之下也⑧。」（〈盡心下〉二五）

①**浩生不害**：浩生，姓。不害，名。齊人。

②**可欲之謂善**：論語說：「我欲仁，斯仁至矣。」仁能依這可欲之仁心而行，就可以稱爲是一位善人了。

③**有諸己之謂信**：可欲的仁心實際地存在於自身而能堅定不移，叫做信。

④**充實之謂美**：善與信達到充實飽滿的境地，叫做美。

⑤**充實而有光輝之謂大**：德業充實圓滿而光明照耀時，叫做大。

⑥**大而化之之謂聖**：德業光大而能化育萬物，叫做聖。

⑦**聖而不可知之之謂神**：聖德到了神妙不可測度的境界，叫做神。

⑧**二之中，四之下也**：指樂正子居於善人和信人兩者之間，而在美、大、聖、神四種境界之下。表示他在德行學習較初步的階段。

【語譯】浩生不害問孟子說：「樂正子是怎樣的人呢？」孟子說：「是個善人，是個信人。」浩生不害又問：「什麼是善？什麼是信？」孟子說：「人能依可欲的仁心而行，就叫做善，可欲的仁心存在於自身而能堅定不移，就叫做信，充實善行而至於完備，就叫做美；自身既德業充實，又能發揚光大，就叫做大；當其德業光大到能化育萬物，就叫做聖，達到了聖的地步，聖德到了神妙不可測度的境界，就叫做神。樂正子剛好在善與信兩等之間，在美、大、聖、神四等之下。」

(2)孟子曰：「仁之實①，事親是也；義之實，從兄②是也。智之實，知斯二者弗去③是也；禮之實，節文斯二者④是也；樂⑤之實，樂⑥斯二者，樂⑦則生矣；生則惡⑧可已⑨也，惡可已，則不知足之蹈之、手之舞之。」（〈離婁上〉二七）

①**實**：具體表現。
②**從兄**：順從兄長。
③**去**：捨棄。
④**節文**：節制文飾。
⑤**樂**：音「月」，音樂。
⑥**樂**：音「要」，喜愛。

⑦**樂**：音「勒」，快樂。

⑧**惡**：音「物」，何。

⑨**已**：停止。

【語譯】孟子說：「仁最基本而具體的表現，就在事奉父母上；義最基本而具體的表現，就在順從兄長；智最基本而具體的表現，是明白這兩件事（上述之事奉父母、順從兄長）都不應捨棄。禮最基本而具體的表現，就在禮節儀式的遵行這兩件事情上；音樂的具體表現，是喜歡做這兩件事情（上述之事奉父母、順從兄長），樂於做，快樂就從這裏產生了；這種快樂產生了，那裏還能夠停止呢？當快樂停不住，一個人就會不知不覺地手舞足蹈地跳起來了！」

(1)孟子主張心理會影響生理，也就是道德人格會使外觀相貌產生變化，你贊成嗎？說說你的看法。

(2)孟子提出君子有三樂，你覺得三樂彼此是否具有關聯性？請就孟子的生平背景與人性主張說明之。

(3)你所理解的「左右逢源」，與孟子所謂的「左右逢源」有何不同？

第五單元

勇氣與道德

前言

勇敢的行爲一直受人們矚目。拼殺搏鬥、不畏死亡如藍波，能使觀衆熱血沸騰；身軀弱小而意志堅定如甘地，則令人們肅然起敬。勇敢的行爲是一個人勇氣的展現，但勇氣這種精神力量是怎麼產生的呢？什麼樣的勇氣才能維護眞正的價値？針對這些問題，孟子和弟子公孫丑有一番精彩的討論，見於「知言養氣章」中。

這段對話大概發生在孟子受齊宣王重視、有意委以國政的時候。弟子公孫丑相信，一個偉大的盛世很可能將由此開啓，但這時的他卻不禁懷疑，孟子心中還能否一如往常般的沈靜堅定？孟子從容地回答他，自己早已能「不動心」了，而且「不動心」是可以訓練的，並不困難。在公孫丑的追問下，孟子細心介紹了勇氣的不同樣貌，分析自己和告子的差別，最後指出同時培養道德、勇氣和智慧的方法。孟子對於修養和智慧的見解，在這段討論中有深刻細緻的發揮。全文首尾相貫，一氣呵成，內容豐富深刻，也有些地方因爲過於言簡意賅而不易索解。本單元選出主要部分作爲三節的選文，介紹孟子培養「不動心」的獨門秘笈。

第一節「不動心：不疑不懼」，從公孫丑提問開始，重點是孟子介紹了培養勇氣、使內心不動搖的三個範例。第二節「浩然之氣：道德勇氣的培養」，孟子說明自己獨到的體會，也就是源於道德、結合義理所培養出的「浩然之氣」。第三節「知言：明辨言辭的是非」，指出如此的培養過程，不僅能使勇氣和道德結合，同時也能獲得明辨是非的智慧，得到的不只是勇氣。

第一節　不動心：不疑不懼

選文與註釋

公孫丑問曰：「夫子加①齊之卿相②，得行道焉，雖由此霸王③不異④矣。如此，則動心⑤否乎？」

孟子曰：「否。我四十不動心。」

曰：「若是，則夫子過孟賁⑥遠矣！」

曰：「是不難。告子先我不動心。」

曰：「不動心有道⑦乎？」

曰：「有。北宮黝⑧之養勇也，不膚橈⑨，不目逃⑩；思以一豪⑪挫⑫於人，若撻之於市朝⑬。不受於褐寬博⑭，亦不受於萬乘之君⑮；視刺萬乘之君，若刺褐夫，無嚴⑯諸侯；惡聲至，必反之。孟施舍⑰之所⑱養勇也，曰：『視不勝猶勝也⑲。量敵而後進，慮勝而後會，是畏三軍⑳者也。舍豈能爲必勝哉？能無懼而已矣。』孟施舍似曾子，北宮黝似子夏。夫二子之勇，未知其孰賢；然而孟施舍守約㉑也。昔者曾子謂子襄㉒曰：『子好勇乎？吾嘗聞大勇於夫子㉓矣：自反而不縮㉔，雖褐寬博，吾不惴㉕焉；自反而縮，雖千萬人，吾往矣。』孟施舍之守氣㉖，又不如曾子之守約也。」（〈公孫丑上〉二）

①**加**：居。

②**卿相**：百官之長。

③**霸王**：稱霸諸侯，完成王道之業。

④**不異**：不足爲奇。

⑤**動心**：內心動搖，指因承擔重責大任而恐懼疑惑。

⑥**孟賁**：賁，音「奔」。戰國時衛國的勇士。
⑦**道**：方法。
⑧**北宮黝**：姓北宮，名黝，音「友」。
⑨**膚撓**：撓，音「鬧」，陽平聲，屈。肌膚因危險傷害而屈縮。
⑩**目逃**：面對他人直視的眼光而轉睛逃避。
⑪**一豪**：豪，同「毫」。一根毛髮。
⑫**挫**：辱。
⑬**市朝**：指眾人聚集的場所。
⑭**褐寬博**：褐，音「賀」，粗毛布。寬博，不經剪裁的寬大之衣，狀如布袋。指穿褐寬博的卑賤之人，與下文「褐夫」同義。
⑮**萬乘之君**：有萬輛兵車的大國君主。
⑯**嚴**：畏懼忌憚。
⑰**孟施舍**：姓孟施，名舍。
⑱**所**：所以。
⑲**視不勝猶勝也**：指不計勝敗，都勇往直前。

⑳**三軍**：古代大國列陣，通常分中、右、左三軍。此指衆多強敵。

㉑**守約**：約，要領。掌握要領。

㉒**子襄**：曾子弟子。

㉓**夫子**：指孔子。

㉔**縮**：音「素」，直。

㉕**惴**：驚懼。

㉖**守氣**：培養勇氣。

【語譯】公孫丑問孟子說：「先生如果位居齊國卿相的職位，平生抱負得以施展，從這基礎上稱霸諸侯，完成王道之業，也不足為奇。擔當這樣大的事業，先生內心會不會恐懼疑惑呢？」

孟子說：「不。我自從四十歲以後，就不動心了。」

公孫丑說：「這樣看來，先生的勇氣比孟賁強多了！」

孟子說：「這個不難。告子不動心比我還早呢。」

公孫丑說：「不動心有方法嗎？」

孟子說：「有的。北宮黝培養勇氣的方法是：即使肌膚被刺，也並不退縮，眼睛與人對視時，也絕不轉動眼珠逃避；他認為只要受了別人一點點侮辱，就像在大庭廣眾下挨了鞭打一樣。他不肯受辱於穿寬大粗布衣服的貧賤之民，也不肯受辱於大國的國君。他把刺殺大國國君看成和刺殺普通平民一樣。他不畏懼忌憚國君。如果有不好聽的話罵他，他一定用同樣的話去報復他。孟施舍培養勇氣的方法，據他自己說：『我不計勝敗，都勇往直前。如果估量敵人的力量才前進，考慮一定打勝仗才交鋒，這樣的人，是見了強大的敵人就會害怕的。難道說我一定能打勝仗嗎？不過是能夠無所畏懼罷了。』孟施舍有點像曾子，北宮黝有點像子夏。這兩個人的勇氣，我也不知道哪一個高明；但是，孟施舍是比較能掌握要領的。從前曾子對子襄說：『你喜歡勇敢嗎？我曾經從先生（指孔子）那裏聽到過關於大勇的道理：自己反省，如果我的理不直，對方雖是一個普通平民，我能夠不害怕嗎？自己反省，如果我的理直，對方雖有千軍萬馬，我也敢勇往直前！』孟施舍所守的只是一種無所畏懼的勇氣，還不如曾子所守的原則——以理的曲直為斷——更簡要啊！」

文意解析

公孫丑向孟子提出一個深刻的問題：您有機會擔任齊國的卿相，平生抱負得以施展，霸、王的成就將不在話下，您會不會有些「動心」呢？

孟子回答：「不會。我從四十歲就不動心了。」公孫丑大為驚訝佩服，孟子卻輕描淡寫地說，其實「不動心」並非難事，還說告子比自己還早就達到不動心的境界了！孟子如此的不浮誇，已經自然地流露出他的涵養和沈靜了。

誰不想得到勇氣？公孫丑當然不肯放過機會，趕緊向孟子請益學習「不動心」的方法，孟子舉出三位不同典範的人物，藉以進行詳細的分析。

勇士北宮黝的原則是：肌膚遇到傷害也不縮逃，目光與人直視絕不迴避；不問對方的地位，凡有辱於我，必「加倍奉還」，即使面對的是萬乘之君，也不放在眼裏。我們可以說，他的養勇是徹底的武裝自己，絕不屈服，務必求勝。

另一名勇士孟施舍大不相同，他的信念是：不必問自己的力量能否戰勝敵方，重點在心中要能無所畏懼，即使面對千軍萬馬也一樣。他的養勇只在面對自己，但求心中沒有絲毫的恐懼。

孟子評論：孟施舍的養勇方式，有點像曾子般反求諸己；北宮黝的養勇方式，有點像子夏般以博學多能取勝。兩人勇氣的高下實在無從比較，但孟子指出，孟施舍更能把握住內在的要領。

接著孟子談到了曾子。曾子說的不是一般的勇氣，而是「大勇」，這個觀念得自孔子的教誨。孔子說，是無畏還是膽怯，問問自己的內心就明白了：當自己理虧時，眼前就算只是個最無權勢的貧賤之人，能不心虛恐慌嗎？當自己理直時，即使面對千萬人，也要毫無畏懼地勇往直前。於是孟子又說，相較之下，孟施舍雖然懂得持守自己的內心，但畢竟不離血氣之勇，還沒有掌握到內心最眞實的根源。

我們可以這樣理解：同爲勇士，北宮黝似乎不會追問畏懼的根源，不問是非曲折，只求必勝，層次最低；孟施舍重視調整自己的心態，但他似乎只關心無畏的勇氣，而非道義，那麼，這種勇氣也未必能成就美善的事物。至於孔子所說的「大勇」，不同於控制生理或心理表層的血氣之勇，而是透過自我反省，與眞理同行所產生的道德勇氣。眞正有道德勇氣的人並不求勝，只問是非，坦誠地面對自己的弱點和不足，而後才能具有眞正發自內心的「大勇」。

孟子所養的勇氣，自然是從孔子、曾子所傳承教導的「大勇」了。

相關章句

（公孫丑）曰：「敢問夫子之不動心，與告子之不動心，可得聞與？」

（孟子曰：）「告子曰：『不得於言，勿求於心①；不得於心，勿求於氣②。』不得於心，勿求於氣，可；不得於言，勿求於心，不可。夫志，氣之帥③也；氣，體之充也④。夫志至焉，氣次⑤焉。故曰：『持⑥其志，無暴⑦其氣。』」

「既曰『志至焉，氣次焉』，又曰『持其志無暴其氣』者，何也？」

曰：「志壹則動氣⑧，氣壹則動志⑨也。今夫蹶⑩者趨⑪者，是氣也，而反動其心⑫。」

（〈公孫丑上〉二）

①**不得於言，勿求於心**：對於別人所說的話無法接受時，不應在心中努力思索。

②**不得於心，勿求於氣**：在心中有所不安時，不應憑著意氣輕易行動。

③**帥**：動詞，主宰。

④**體之充也**：充，動詞，充滿。充滿在人的身體中。

⑤**次**：動詞，舍，停留。

⑥**持**：堅守。

⑦**暴**：擾亂。

⑧**氣壹則動志**：意志專一，就鼓動氣。

⑨**志壹則動氣**：氣專一，就鼓動意志。

⑩**蹶**：音「掘」，跌倒。

⑪**趨**：快步走。

⑫**反動其心**：反而鼓動而影響心志。

【語譯】公孫丑說：「請問先生的不動心和告子的不動心，可以講給我聽聽嗎？」

孟子說：「告子曾說：『我對於別人所說的話無法接受時，就不再在心中思索；在心中有所不安時，就不應憑著意氣輕易行動。』在心中有所不安時，就不應憑著意氣輕易行動，倒還可以；對於別人所說的話無法接受時，就不再在心中思索，是不行的（因為我們要依據本心來判斷是非曲直，而不只是忽略別人的看法。這也就是後面要提到的「知言」的內容）。意志是氣的主宰，氣充滿在人體內，意志想到哪裏，氣就停留在哪裏。所以說：『要堅定自己的意志，不要讓意氣擾亂了它。』」

公孫丑說：「既然說『意志想到哪裏，氣就停留在哪裏』，又說『要堅定自己的意志，不要讓意氣擾亂了它』，這是什麼道理呢？」

孟子說：「意志專一，就鼓動了氣，氣專一，就影響了意志。譬如跌倒，快步走，都是氣的作用，可是反而會鼓動而影響心志。」

問題與討論

(1)仔細回想日常生活中，我們常有的「動心」經驗（如購物、追星等），並再想想我們曾有的「疑惑」與「恐懼」經驗（如承接班級或社團幹部）。除此之外，你還能舉出哪些經驗，來說明「動心」、「疑惑」與「恐懼」的感覺？並試著想想「不動心」該是何種狀態。

(2)請從歷史、小說、電影等舉出三位勇者，說說看他們為什麼是勇者？並想想他們和北宮黝、孟施舍、曾子的「勇」有何不同？你對他們之間的評價如何？

第二節　浩然之氣：道德勇氣的培養

選文與註釋

（公孫丑曰：）「敢問夫子惡乎長①？」

（孟子）曰：「我知言②，我善養吾浩然③之氣。」

「敢問何爲浩然之氣？」

曰：「難言也。其爲氣也，至大至剛，以直養而無害④，則塞⑤于天地之間。其爲氣也，配義與道⑥；無是，餒也⑦。是集義⑧所生者，非義襲而取之⑨也。行有不慊⑩於心，則餒矣。我故曰，告子未嘗知義，以其外之⑪也。必有事焉而勿正⑫，心勿忘，勿助長也。無若宋人然：宋人有閔⑬其苗之不長而揠⑭之者，芒芒然⑮歸，謂其人⑯曰：『今日病⑰矣，予助苗長矣。』其子趨而往視之，苗則槁矣。天下之不助苗長者寡矣。以爲無益而舍⑱之者，不耘苗⑲者也，助之長者，揠苗者也；非徒無益，而又害之。」

（〈公孫丑上〉二）

①**惡乎長**：惡，音「屋」，何。長處在哪方面？這是問孟子養勇有何優於告子之處。

②**知言**：聽人言論即能洞察其內心的實情。

③**浩然**：盛大充沛的樣子。

④**以直養而無害**：用道義來培養，不要干擾妨礙。

⑤**塞**：充滿。

⑥**配義與道**：配，合。合乎道義。

⑦**無是，餒也**：是，指道與義。餒，疲軟無力。一旦不合乎道義，此氣就疲軟無力。

⑧**集義**：集，合、積累。不斷積累道義。

⑨**義襲而取之**：襲，向外取得。之，指浩然之氣。從外面得到義作爲行爲標準，就能獲致浩然之氣。

⑩**慊**：音「妾」，滿足。

⑪**外之**：外，動詞。之，指「義」。把義當作是外在的標準。

⑫**必有事焉而勿正**：有事，指上文所說的集義。正，在此指預期。有恆地實踐、積累道義，但不要設定目標。

⑬**閔**：同「憫」，憂。

⑭**揠**：音「亞」，去聲，拔高。
⑮**芒芒然**：疲累的樣子。
⑯**其人**：他的家人。
⑰**病**：疲倦。
⑱**舍**：捨棄
⑲**耘苗**：耘，除草。除去秧苗間雜草。

【語譯】公孫丑說：「請問老師的養勇有何優於告子之處？」

孟子說：「我聽人言論即能洞察其內心的實情，我也善於培養我盛大充沛的氣宇。」

公孫丑說：「什麼叫做盛大充沛的氣宇？」

孟子說：「這是不容易談的。這一種氣宇，是極廣大也極剛強的，它必須用正道去培養而不要干擾妨礙，它就會充滿天地之間。這一種氣，是配合道義的，沒有了道義，這氣概也就沒有力量了。這種氣宇是積累聚合了許多內在自發的正義的行為所產生的，並不是做一些表面上符合一般人認為符合正義標準的事就能產生。只要在行為上問心有愧，這氣便委靡了。所以我說告子並不懂得什麼叫做義，因為他把義看做是外在的標準。要想培養好這種氣宇，必須有恆地實踐、積累道義，才會有效果，但不要設定目標，更不要揠苗助長。不要像宋人那樣：宋國有一個人擔憂自己的禾苗老不長，便到田裏把禾苗一棵棵地往上拔，拔完了以後，很疲倦地走回家。對家裏的人說：『今天我疲累極了，我幫助禾苗往上長了！』他兒子趕快跑去一看，那禾苗都枯槁了！天下不幫助禾苗生長的人太少了。認為養氣沒有好處而放棄了修養的功夫的，這是不鋤草的懶漢；違反自然規律去幫助它生長的，這就是拔苗的人。這種拔苗助長的行為，不但沒有益處，反而會害了它。」

文意解析

第一則在前一節選文裏，孟子比較了三種養勇之道，特別推崇的是曾子所傳的「大勇」，也就是道德勇氣。在原文中，公孫丑接著追問孟子和告子兩人又是如何能「不動心」的。孟子回答時扼要地指出，告子和他討論過心志和「氣」的關係，看法有異有同。由於孟子那段話說得太簡約了，歷來讀者都感到費解，我們只收錄在前節的「相關章句」裏供讀者自行參考，在此不多討論。

接下來，就是本節選文的這段對答，孟子詳細分析他對「浩然之氣」的獨到體會。「浩然之氣」是憑藉著道德和正義培養出的勇氣，至大至剛，無所屈撓，只要依循正道培養而不傷害它，可以充滿天地之間。這是「大勇」的極致表現。孟子強調，「浩然之氣」伴隨著內心的道義而生，猶如道義的伙伴和助手，只要於心有愧，「浩然之氣」隨即消失。正如孔子、曾子所說的，這乃是道德勇氣獨有的特質。

孟子又說，必須事事合義，累積實踐，才能生出「浩然之氣」；別想靠著做出一兩件合乎外在規範的行爲就能得到它。孟子因而批評告子不懂得「義」是什麼，因爲告子把「義」當作是外在的標準，以爲與內心無關。這麼一來，縱使也能做到「不動心」，卻無法體會實踐道義時內心的滿足，更談不上「浩然之氣」了。

「必有事焉」是孟子關鍵的指引，指的是對「集義」一事存心不忘。只要好好栽培呵護內心中善的力量，持之以恆地實踐，讓它自然茁壯，就是養成「浩然之氣」的正途。不要預期何時能養成「浩然之氣」（勿正），不要遺忘中斷（勿忘），也不要想其他辦法來速成（勿助長），那都是功利的計較，非屬自然。孟子用「揠苗助長」的故事來特別告誡，千萬別想要用速成的手段得到「浩然之氣」。拿種田來做比喻，以爲一步步培養「浩然之氣」沒什麼用而就此放棄的人，就好比不肯除草養苗的懶惰農夫，當然不會有收穫；但急著幫它茁壯的人，就好比是拔高禾苗的傻瓜，不但沒用，還會害死禾苗！世人對於理想往往如此，若不是希求速成，就是輕忽淡忘，兩者都注定失敗。只有看似漫長遲緩的正途，最終能回報我們超乎想像的豐美果實。

相關章句

萬子曰：「一鄉皆稱原人①焉，無所往而不爲原人；孔子以爲德之賊②，何哉？」（孟子）曰：「非之無舉③也，刺④之無刺也；同乎流俗，合乎污世；居之似忠信，行之似廉潔；衆皆悅之，自以爲是⑤；而不可與入⑥堯舜之道，故曰德之賊也。孔子曰：『惡似而非者⑦：惡莠⑧，恐其亂苗也；惡佞⑨，恐其亂義也；惡利口⑩，恐其亂信也；惡鄭聲⑪，恐其亂樂也；惡紫，恐其亂朱也；惡鄉原⑫，恐其亂德也。』君子反經⑬而已矣。經正，則庶民興⑭；庶民興，斯無邪慝⑮矣。」（〈盡心下〉三七）

①**原人**：原，音「願」，同「愿」，謹慎、忠厚。貌似謹慎、忠厚的人。

②**德之賊**：賊害道德的人。

③**非之無舉**：非，批評。舉，舉例。舉不出證據來批評他。
④**刺**：譏刺。
⑤**自以為是**：自認爲自己是對的。
⑥**與入**：參與其中而進入。
⑦**惡似而非者**：惡，音「物」，動詞，厭惡。厭惡似是而實非的東西。
⑧**莠**：音「右」，莖葉似苗之草，狗尾草的別名。
⑨**佞**：善於巧辯奉承的人。此指其言似義而非義。
⑩**利口**：口齒伶俐，能言善辯，言多而不實。
⑪**鄭聲**：淫樂。鄭國的音樂多淫聲，爲靡靡之音，故稱淫蕩不雅正的音樂爲「鄭聲」。
⑫**鄉原**：外貌忠厚老實，討人喜歡，實際上卻不能明辨是非的人。
⑬**反經**：回歸於常道、常理。
⑭**庶民興**：興，興起。百姓興起善心。
⑮**慝**：音「特」，邪惡。

【語譯】萬章說：「一鄉的人都說他是謹慎忠厚的老好人，他也到處都表現得像個謹慎忠厚的老好人，孔子卻認為他是賊害道德的人，這是為什麼呢？」

孟子說：「是啊，這種人，你要說他有什麼不對，又舉不出例證來；你要譏刺他，又舉不出證據來。他只是同流合污，為人好像忠誠老實，行為好像清正廉潔，大家都很喜歡他，他也以為自己是對的，但實際上，他的所作所為無法參與並深入到堯舜之道，所以說他是『賊害道德的人』。孔子說：『厭惡那些似是而非的東西：厭惡莖葉似苗的雜草，怕的是它與禾苗難以分辨；厭惡善於巧辯奉承的人，怕的是他似義而非義的言語與正義難以分辨；厭惡口齒伶俐，能言善辯，卻不實在，怕的是與信實難以分辨；厭惡鄭國的淫樂，怕的是與雅樂難以分辨；厭惡紫色，怕的是它與正宗的紅色難以分辨；厭惡外貌忠厚老實，討人喜歡，實際上卻不能明辨是非的人，怕的是他與真正的有德者難以分辨。』君子只是讓一切回歸常道罷了。回歸常道，老百姓就會興起善心，也就沒有邪惡了。」

問題與討論

(1)孟子所說的「浩然正氣」，是經由行仁集義所產生的；換言之，敢於做對的事、堅持

對的信念，即是培養浩然正氣的方法。請從所見或所聞的經驗中，舉例說明。

(2)在你的生活經驗中，和「揠苗助長」一語相似的情境有哪些？什麼是自然合理的「栽培」方式？請舉例說明。

第三節　知言：明辨言辭的是非

選文與註釋

（公孫丑曰：）「何謂知言？」

（孟子）曰：「詖辭①知其所蔽，淫辭②知其所陷③，邪辭④知其所離⑤，遁辭⑥知其所窮⑦。生於其心，害於其政⑧；發於其政，害於其事⑨。聖人復起，必從吾言矣。」

（〈公孫丑上〉二）

①**詖辭**：詖，音「必」，偏頗。偏頗的言辭。

②**淫辭**：放蕩的言辭。

③**陷**：沉溺。
④**邪辭**：邪僻不正的言辭。
⑤**離**：叛離正道。
⑥**遁辭**：躲避卸責的言辭。
⑦**窮**：困窘理屈。
⑧**政**：國政，指國家的大政方針。
⑨**事**：政事，指政治上具體的措施和成效。

【語譯】公孫丑又問說：「什麼叫『知言』呢？」

孟子說：「聽了偏頗的『詖辭』，就知道他的心有那些遮蔽不明之處；聽了放蕩的『淫辭』，就知道他的心有那些陷溺不拔之處；聽了邪僻不正的『邪辭』，就知道他的心有那些偏離正道之處；聽了躲避卸責的『遁辭』，就知道他的心有那些困窘理屈之處。這四種言詞，在心中產生，就會為害國家的施政，如表現在國家的大政方針上，就會危害到政治上具體的措施和成效。有一天聖人若再出現，也必然贊同我這些話的。」

文意解析

孟子根據自己的體驗指出，培養道德勇氣的方法，不但可以養成充沛的「浩然之氣」，還能使人獲得「知言」的能力。

孟子所謂的「知言」，當然不是指聽得懂一般意義的話語。孟子說的是，聽一個人的言論主張，要能洞察他內心的實情。聽了偏執一端的言論，要明白對方的心是哪方面被遮蔽住了；聽了放蕩無度的說辭，能知道他的心陷溺在什麼地方無法自拔；聽到邪僻不正的見解，要明白在哪裏叛離了正道；聽到閃躲卸責的話語，能知道對方心中難以招架對應的究竟是什麼。言辭見解的失當，都是因為內心的偏差所致。

那麼，我們若不面對自己的內心，怎能矯正自己的偏見呢？若真能誠實面對自己，開展內心的潛能，認清美善的根源和真正的是非對錯，又怎會看不清楚別人心中的曲直呢？因此，「知言」和「養氣」相似，都不是刻意追求得來的，而是因為開發了自己內心的善，自然生成的能力。

孟子又說，別以為內心的偏差只是個人的事。基於偏差的信念，人們會做出錯誤的行動；如果領導者缺乏明辨是非之心，從大政方針到各項施政都會受到誤導，最後使人民遭受危害。因此，要爲紛亂的時代找出希望，必得從探討價值、端正人心著手。

若我們知道義理來自內在的道德本心，且能培養浩然之氣，那麼面對種種似是而非、巧妙而雄辯的言論主張，就能做出清楚的判斷而不爲所惑。孟子說自己承擔重責大任也能「不動心」，正是以這樣的智慧爲根基，並不是冥頑不靈。

若以爲道德的義理來自於外在的世界，不論那是約定俗成的社會規範，或來自宗教、政治等權威所制定，人們很容易毫無自省地順從。對個人來說，可能對種種偏見固執不悔；對社會來說，往往造成意識形態的衝突和災難。種族偏見、宗教對立所導致的暴力甚至屠殺，莫不來自偏見，豈可不愼！另一方面，也有些人會認爲，既然一切價值都沒有眞實的依據，那又何妨妥協與通融呢？但失落了價值的人群，所可能造成的傷害和衝突又豈能低估？

孟子的養勇源自孔子和曾子的教導，但知言、養氣，卻是孟子自己的體會；回應和批判紛紛興起的各家學說，也出於孟子自己的判斷。孟子堅信，如果有像孔子那樣的聖人誕生，一定會贊成和接納他的主張。這些地方流露了孟子的自信，顯出他闡發孔子思想的用心。重視人文傳統，在繼承中創新，正是孔、孟的眞精神。

相關章句

孟子曰：「……聖王不作①，諸侯放恣②，處士③橫議④，楊朱、墨翟之言盈天下。天下之言，不歸楊，則歸墨。楊氏爲我，是無君也；墨氏兼愛，是無父也。無父無君，是禽獸也。公明儀⑤曰：『庖有肥肉，廄有肥馬，民有飢色，野有餓莩⑥，此率獸而食人也。』楊墨之道不息，孔子之道不著⑦，是邪說誣民，充塞⑧仁義也。仁義充塞，則率獸食人，人將相食！吾爲此懼，閑⑨先聖之道，距⑩楊墨，放⑪淫辭，邪說者不得作。作於其心，害於其事；作於其事，害於其政。聖人復起，不易⑫吾言矣。」

（〈滕文公下〉九）

①**作**：興起。

②**放恣**：驕傲放縱、任意胡爲。

③**處士**：布衣之士。

④**橫議**：橫，音「橫」，去聲，放縱。肆意發表言論，違逆正道。

⑤**公明儀**：儒者，曾從學於曾子和子張，與墨子同時。

⑥**莩**：音「漂」，上聲，通「殍」，餓死的屍體。
⑦**著**：音「助」，顯明。
⑧**充塞**：堵塞。
⑨**閑**：捍衛。
⑩**距**：通「拒」，抵抗、抵禦。
⑪**放**：摒除。
⑫**易**：改變。

【語譯】孟子說：「聖明的帝王沒有興起，諸侯胡作非為，連沒有官職的士人也肆意地發表議論，楊朱、墨翟的言論傳遍天下。天下的言論，不是屬於楊朱這一派，便是屬於墨翟這一派。楊朱的學說重視自我，那是目無君長；墨翟的學說主張等同的愛，那是心無父母。心目中沒有父母、君長，那和禽獸便沒分別了。公明儀說：『國君的廚房裏有肥嫩的肉塊，馬棚裏有健壯的馬匹，野外卻有餓死的人，這等於是帶領著野獸去吃人啊。』楊朱、墨翟的學說不滅絕的話，孔子的正道便無法昌明，如此謬誤的學說將蒙蔽人民，堵塞了仁義的大道。仁義的大道被堵塞，那不僅是帶領著野獸去吃人，人還會彼此相食啊！我為此擔心，所以努力捍衛先前聖人的正道，抵制楊朱、墨翟的學說，摒除放蕩不實的言論，讓謬誤的學說不能興起。因為心中興起謬誤的學說，便會妨害行事；用於行事上，便會妨害政務。聖人如能復活，將不會改變我的說法。」

問題與討論

(1)面對網路資訊的氾濫和真偽難辨，以及傳播媒體報導的分歧，我們應如何「知言」？分享你自身的經驗，並提出建議。

(2)孟子所謂的「詖辭」、「淫辭」、「邪辭」、「遁辭」，就你的見聞或自身經驗，擇一舉例說明。

第六單元

孤獨的戰士

前言

本單元的主題是處世態度。孟子曾說：「獨孤臣孽子，其操心也危，其慮患也深，故達。」又說：「得志，與民由之；不得志，獨行其道。」這裏說的「孤」、「獨」，不論處境如何，都是自主自覺、不媚俗的抉擇。因抱持理想而常懷憂患意識的人，即便在現實中遭遇阻礙而不得志，也不會改變他獨行其道的胸懷與抱負。

孟子好學勵志，承繼孔聖之學，以「舍我其誰」的氣魄，展現昂然不屈的生命氣象。安逸平順、隨波逐流的生活無法產生這種志節，只有在堅持理想的奮鬥裏才能養成。身處動亂失序的時代，孟子卻相信大道可以實現，為此辛勤奔走，遊說諸侯；面對充斥現實利害的政治算計，他始終捍衛仁義的精神。在現實與理想間的高度緊張之下，他可說是一名孤獨戰士吧？但是，孟子卻總是成竹在胸、游刃有餘地面對一般人認為的兩難。這可絕不尋常。

這個單元要認識孟子所教導的處世之道。第一節「仁者不憂」，闡明「大丈夫」的氣魄和仁者不為己憂的胸襟。第二節「進以禮，退以義」，孟子富有「禮」的精神和「義」的堅持，因而能進退從容地待人接物。第三節「以智取捨」，討論孟子留給我們進一步思考的課題，現實中總是存在著取捨兩難的困境，如何正確地權衡，考驗著每個人的智慧。

第一節　仁者不憂

選文與註釋

(1)孟子曰：「君子所以異於人者，以其存心也。君子以仁存心，以禮存心。仁者愛人，有禮者敬人。愛人者，人恒愛之；敬人者，人恒敬之。有人於此，其待我以橫逆，則君子必自反也：我必不仁也，必無禮也，此物奚宜至哉？其自反而仁矣，自反而有禮矣，其橫逆由是也，君子必自反也：我必不忠。自反而忠矣，其橫逆由是也，君子曰：『此亦妄人也已矣！如此則與禽獸奚擇哉？於禽獸又何難焉？』是故君子有終身之憂①，無一朝之患②也。乃若所憂則有之：舜，人也，我亦人也。舜為法於天下，可傳於後世，我由③未免為鄉人④也，是則可憂也。憂之如何？如舜而已

矣。若夫君子所患則亡⑤矣。非仁無爲也，非禮無行也。如有一朝之患，則君子不患⑥矣。」（〈離婁下〉二八）

本章前半部，在第二單元第三節已經收錄做選文，此處省略註釋。

①**終身之憂**：一輩子的憂慮。

②**一朝之患**：因一時偶遇而愁苦。

③**由**：通「猶」。

④**鄉人**：鄉里中平凡的人，形容默默無聞、毫不出色。

⑤**亡**：亡，通「無」。

⑥**不患**：不爲此愁苦。

【語譯】孟子說：「有德君子跟一般人的不同之處，就在於他心中的意念。君子把仁道存在心裏，把禮敬存在心裏。有仁德的人會愛別人，知禮敬的人會敬重別人。能愛別人的人，別人也一定會愛他；能敬重別人的人，別人也一定會敬重他。

假如這裏有個人，他以蠻橫無理的作為對待我，那麼，君子一定會自己反省：『我一定有居心不仁的地方，一定有待人不夠恭敬的地方；不然，這種事怎麼會發生在我身上呢？』」修正後自我反思，居心合乎仁德、待人足夠禮敬了，對方蠻橫無理作為仍然不變；君子一定再度自我反省說：『我一定還沒盡心盡力做到最好！』」修正後自我反思，已經盡心竭力做到最好了，但對方的蠻橫無理仍然一樣。君子這時才說：『這是一位狂妄無理的人；像這樣的人，跟禽獸有什麼差別呢？對於禽獸我又何必責備他呢？』」

因此，君子有一輩子的憂慮，可是卻不會因一時偶遇的不順，挫折而愁苦。至於君子的憂慮是些什麼呢？它所憂慮的乃是下面這件事：舜，是人；我，也是人。舜的作為可以成為天下人的好榜樣，可以流傳到後代；而我仍免不了是個平凡人，這才是值得憂慮的事。憂慮這事又該怎麼辦呢？使自己像舜一樣好就是了！至於君子不會因一時偶遇挫折與不順而愁苦。不仁的事不去做，非禮的事也不肯行。如果這樣做，還有突如其來的禍患，因為不是自己的過錯，也不是自己的力量所能避免，君子也就坦然面對，不為此愁苦了。」

(2)景春①曰：「公孫衍②、張儀③豈不誠大丈夫哉？一怒而諸侯懼，安居而天下熄④。」

孟子曰：「是焉得為大丈夫乎？子未學禮乎？丈夫之冠⑤也，父命⑥之；女子之嫁也，母命之，往送之門，戒之曰：『往之女家⑦，必敬必戒，無違夫子⑧！』以順爲正⑨者，妾婦之道也。居天下之廣居⑩，立天下之正位⑪，行天下之大道⑫。得志與民由之⑬，不得志獨行其道。富貴不能淫⑭，貧賤不能移⑮，威武不能屈⑯。此之謂大丈夫。」（〈滕文公下〉二）

①**景春**：人名，生平未詳，可能是與孟子同時的縱橫家。

②**公孫衍**：魏人，初在魏爲官，後入秦爲相，爲戰國時縱橫家。

③**張儀**：魏人，相秦惠王，遊說六國，連橫事秦。

④**熄**：指戰火熄滅。

⑤**冠**：音「灌」，動詞，舉行冠禮。

⑥**命**：告誡。

⑦**女家**：女，音「乳」，同「汝」。指夫家。

⑧**夫子**：丈夫。

⑨**以順為正**：女子以順從爲正道。

⑩**廣居**：寬廣的住宅，指「仁」。

⑪**正位**：正當的位置，指「禮」。

⑫**大道**：平坦的道路，指「義」。
⑬**與民由之**：與，和。由，行。和人民一起邁向正道。
⑭**淫**：盪亂。
⑮**移**：變易。
⑯**屈**：降伏。

【語譯】景春說：「公孫衍和張儀兩個人，真可以稱得上是「大丈夫」吧？一旦赫然發怒，連諸侯都要恐懼；如果在家安居，天下戰火便得以平息。」孟子回答：「這兩個人哪稱得上是大丈夫呢？您沒有學過禮儀之道嗎？男子在行成年冠禮之後，父親就會給他一些告誡；女子出嫁前，母親會教導她身為妻子應盡的責任，直到要踏出家門了，母親都還會叮嚀她：『妳去到婆家，一定要凡事盡心盡力，聽從丈夫的指示。』這麼看來，順從是為人妻室的道理。以「仁」存心，那是天下最寬廣的住宅；立足於「禮」，那是天下最正當的位置；依「義」行事，那是天下最平坦的道路。得志的時候，就率領民眾一起走向正道；不得志的時候，就獨自堅持走在自己的理想道路上。財富與顯貴不能盪亂心志；貧窮與卑賤不能改變節操；權勢和武力無法使他降伏，這才是真正的大丈夫。」

文意解析

第一則選文，孟子指出：君子以仁、禮存心，仁是對人的愛意，禮是待人的敬意。這樣的君子經常會得到他人善意的回饋。因此，當遇到別人對自己蠻橫無禮的時候，君子總是先反省自己；再三檢討之後，如果確實錯在對方，君子也會隨即釋懷而不多計較。這樣的人自然有著不凡的心胸氣度。

孟子又說，比起一般人，君子多了一分「終身之憂」，卻少了許多「一朝之患」。君子所憂心的是自己的人格德行不能超拔流俗，達不到聖哲所立下的典範；至於一般人所苦惱的一時得失、偶然挫折，君子全不會放在心上。孟子說過：「先立乎其大者，則其小者弗能奪也。」是同樣的道理。

在第二則選文中，景春提問：像公孫衍、張儀這樣的縱橫家，一旦赫然發怒，連諸侯都要恐懼；如果在家安居，天下戰火便得以熄滅，眞可以稱得上是「大丈夫」吧？孟子深深不以爲然。他指出：這些縱橫家的一切作爲，不過是在揣摩迎合各個君王的心理，這種心態與只求順從的「妾婦之道」無異，哪配稱做「大丈夫」？唯有以仁存心，以禮立身，依義行事，若得志便要帶領人民一同邁向正道，若不得志就屹然地獨自堅守正道，富貴不能使他腐化，貧賤無法使他動搖，威武不能讓他屈服，如此光明磊落的人，才配稱做「大丈夫」。

由此可知，有了對理想的執著，才會有對現實的灑脫。唯有找到內在的價值根源，實踐擴充，才能成就頂天立地的人格。

相關章句

(1)**孟子曰：「有天爵①者，有人爵②者。仁義忠信，樂善不倦，此天爵也；公卿大夫，此人爵也。古之人修其天爵，而人爵從之。今之人修其天爵，以要③人爵；既得人爵，而棄其天爵，則惑之甚者也。終亦必亡而已矣！」**（〈告子上〉十六）

①**天爵**：爵，爵位。稟受於天、根植本性的爵位，在此指德行。

②**人爵**：人所制定的爵位。

③**要**：音「腰」，求。

【語譯】孟子說：「有稟受於天、根植本性的爵位，有人所制定的爵位。能實行仁義忠信，樂於行善而不倦怠，這是稟受於天的爵位；公卿大夫這些官爵是人所制定的爵位。古時候的人，修養他的天爵，而人爵自然隨著來。現在的人，修養他的天爵，為的是追求功名富貴的人爵。等到得了人爵，就捨棄他的天爵，這真是糊塗到極點了，到最後必定連人爵也會一併失掉的。」

(2)孟子曰：「舜發①於畎畝②之中，傅說③舉於版築④之間，膠鬲⑤舉於魚鹽之中，管夷吾舉於士⑥，孫叔敖舉於海⑦，百里奚舉於市⑧。故天將降大任於是人也，必先苦其心志，勞其筋骨，餓其體膚，空乏其身⑨，行拂⑩亂其所爲；所以動心忍性⑪，曾⑫益其所不能。人恆過，然後能改；困⑬於心，衡⑭於慮，而後作⑮；徵於色⑯，發於聲，而後喻。入⑰則無法家⑱拂士⑲，出⑳則無敵國外患者，國恆亡。然後知生於憂患，而死於安樂也。」（〈告子下〉十五）

①**發**：起用。
②**畎畝**：田裏低溝爲畎，高壟爲畝，合指田地。
③**傅說**：說，音「月」。殷高宗的宰相。
④**版築**：將泥土置於夾板中，用杵充實以築牆。傅說在做版築勞役時被高宗舉用。
⑤**膠鬲**：殷賢人。
⑥**管夷吾舉於士**：管仲字夷吾。士，獄官，此處指管仲爲囚犯。

⑦**孫叔敖舉於海**：孫叔敖，楚莊王宰相。海，海濱。

⑧**百里奚舉於市**：百里奚，秦穆公宰相。市，市場。百里奚曾賣爲奴僕。

⑨**空乏其身**：空，音「控」，動詞，匱乏。使其身窮困匱乏。

⑩**拂**：擾亂。

⑪**動心忍性**：激動心意，堅忍情性。

⑫**曾**：同「增」。

⑬**困**：困頓。

⑭**衡**：同「橫」，不順。

⑮**作**：奮發振作。

⑯**徵於色**：徵驗於臉色。

⑰入：指國內。

⑱**法家**：守法度的大臣。

⑲**拂士**：音「必」，通「弼」。輔佐的賢士。

⑳**出**：指國外。

【語譯】孟子說：「舜是由田野間耕種的農夫而起用為天子的，傅說是在築牆的工人中被舉用為相的，膠鬲是在販賣魚鹽的商販裏被舉用的，管仲是在獄中被舉用的，孫叔敖是在海濱被舉用的，百里奚是從奴隸市場裏被舉用的。所以上天要使某個人擔任大事，一定先困苦他的心志，勞累他的筋骨，飢餓他的體膚，窮困匱乏他的身心，擾亂他的作為；如此，便可激勵他的心志，堅忍他的性情，增加他未具有的能力。人，往往是有了過錯，然後才能改好。在心志困頓不通、思慮梗塞不順的狀況下，然後才能奮發振作。察覺到人家的臉上慍怒的神色，聲音上發出譏責，然後才能通曉警惕。國家也是一樣，在國內沒有守法度的世臣和善輔弼的賢士，在國外沒有相與抗衡的鄰國和外患，這個國家往往是會滅亡的。由此可知：憂患能夠激起生存的鬥志，安樂反而容易招致覆亡的災禍。」

(1)在你的心中，有沒有類似孟子所謂的「終身之憂」？有沒有「一朝之患」？

(2)孟子所謂「大丈夫」有何特質？你認為這種特質是否有男女之分？請舉例說明。

第二節　進以禮、退以義

選文與註釋

(1)萬章問曰：「或謂孔子於衛主癰疽①，於齊主侍人瘠環②，有諸乎？」孟子曰：「否，不然也。好事者爲之也。於衛主顏讎由③。彌子④之妻，與子路之妻，兄弟⑤也。彌子謂子路曰：『孔子主我，衛卿可得也。』子路以告，孔子曰：『有命⑥。』孔子進以禮，退以義，得之⑦不得，曰：『有命。』而⑧主癰疽與侍人瘠環，是無義無命⑨也。」（〈萬章上〉八）

①**主癰疽**：主，動詞，以之爲主，是說作爲對方的賓客。癰疽，音「雍居」，病名，此指治療癰疽的醫者。住在治療癰疽的醫者家中，成爲他的賓客。

②**侍人瘠環**：侍人，太監。瘠環，人名。

③**顏讎由**：衛國賢大夫。子路之妻的兄長。

④**彌子**：彌子瑕。衛國人。
⑤**兄弟**：此指姊妹。
⑥**命**：此指客觀條件的限定，意謂按照道理不可接受。
⑦**之**：與。
⑧**而**：如，如果。
⑨**無義無命**：不合乎道義，不肯接受客觀條件的限定。

【語譯】萬章問孟子說：「有人說孔子在衛國住在治癰的醫生家裏，在齊國住在太監瘠環家裏，有這樣的事嗎？」

孟子說：「沒有的事，不是那樣的，是喜歡生事的人捏造出來的。孔子在衛國是住在賢大夫顏讎由家裏。衛君寵臣彌子瑕的妻子，和子路的妻子是姊妹。彌子瑕對子路說：『孔子如果住在我家裏，衛國的卿位就可以取得了。』子路就把這話告訴孔子。孔子說：『能否得到卿位是有命的（和住誰那裏、由誰引見是無關的）。』孔子進仕與否是按著禮，退隱與否也是循著義；得與不得，但說有命。假使說他會住在癰疽或侍人的家裏，而求他們引進，那是不合義，不知命的了。」

(2)孟子去齊，居休①。公孫丑問曰：「仕而不受祿，古之道②乎？」曰：「非也。於崇③，吾得見王，退④而有去志，不欲變，故不受⑤也。繼而有師命⑥，不可以請⑦。久於齊，非我志也。」（〈公孫丑下〉十四）

①**休**：地名，今山東省滕縣北。
②**道**：原則。
③**崇**：齊地名。
④**退**：回來。
⑤**不受**：不接受俸祿。
⑥**有師命**：有用兵的命令。指齊國有戰事。
⑦**請**：請求離去。

【語譯】孟子離開了齊國，住在休邑這地方。公孫丑問孟子說：「夫子做官，卻不接受俸祿，這符合自古以來的道理？」孟子說：「不是的。當初在崇地，我初次見到了齊王，因為有所不合，回來之後便有求去的志向，既有去志，不願改變，所以雖在齊國做客卿，也不願接受他的俸祿。不料，接著有齊人伐燕這出師作戰的情況，因此衡情論理，難以請求離去；以致於長久留在齊國，但這並不是我的志願啊。」

(3)孟子：「非禮之禮，非義之義，大人弗爲。」（〈離婁下〉六）

【語譯】孟子說：「真正有品德操守的君子，是絕對不會去做那些似禮但又不真正符合禮之精神的行為，和那些似正義卻不符合正義之原則的事。」

文意解析

第一則選文中，孟子說明孔子對「進以禮」、「退以義」的堅持態度。萬章耳聞孔子曾經依附衛醫及齊太監來尋求官職，對於孔子會巴結不應干預政事的侍臣，感到疑惑。孟子直指這是好事者的無稽之談。孟子很清楚孔子的事蹟，說出了事實，也指出事實之中孔子的抉擇。孔子初至衛國時，因賢大夫顏讎由是子路的妻兄，所以住在他家中，成爲他的賓客。此時，衛君寵臣彌子瑕，因與子路有姻親關係，也主動表示：如果孔子願做他的賓客，他可以幫助孔子得到衛靈公的重用。孔子簡單明確地拒絕了這種利益交換。在孔子看來，衛國的卿相之位不應強求，他不會爲了追求權力地位，而放棄對「禮」、「義」的堅持。君子應當依循正道，將成敗置之度外，若是心有不甘，想要走旁門左道便宜行事，孔子說，這就是不懂得「命」——命是客觀的限制。不甘心接受客觀限制，乃是一種自我而狂妄的心理，將使自己落入喪失分際、背叛初衷的可悲境地。

第二則選文中，孟子面臨「禮」、「義」的衝突時，根據「義」的原則，而對「禮」做了調整。「仕而受祿」本是天經地義之事，因此公孫丑對於孟子竟然「仕而不受祿」，相當不解。對此，孟子說明：他曾經在崇與齊王對談，彼此理念不合，便有離開齊國的決心，所以不再接受齊國的俸祿。但隨後齊國有戰事，不便立刻辭職求去，只好暫時留著，等待時機再離開。不接受俸祿是忠於自己的意願，暫不去職是爲了顧念齊王的處境，看似奇怪的「仕而不受祿」，其實出於顧全彼此、權衡禮義的智慧。

第三則選文言簡意賅，關鍵在於「禮」、「義」並非外在的形式，而是有著眞實的內涵與價值。表面上的禮節或義行，有時實質上背義害道，其似是而非之處，需要清楚地分辨。言行常令世人驚駭的孟子，已經爲這句話作出很好的示範。

問題與討論

(1)在你成長的過程中，是否曾經歷或目睹過霸凌事件？你自己或是其他同學是如何面對或回應的？你覺得自己是否曾經或多或少的霸凌過別人？為什麼會那麼做？請分享你的經驗和觀察。

(2)你是否拒絕過或曾想拒絕他人的禮物或協助？你給別人禮物或協助時，是否曾遭到拒絕？餽贈和收受的兩方為什麼感受會不一致呢？怎麼做才是對的？請分享你的經驗。

第三節　智以取捨

選文與註釋

(1)萬章問曰：「或曰：『百里奚自鬻①於秦養牲者五羊之皮，食②牛以要③秦穆公。』信乎？」

孟子曰：「否，不然，好事者④爲之也。百里奚，虞⑤人也。晉人以垂棘⑥之璧，與屈產之乘⑦，假道⑧於虞以伐虢⑨。宮之奇⑩諫；百里奚不諫，知虞公之不可諫而去。之秦，年已七十矣。曾不知以食牛干秦穆公之爲汙也，可謂智乎？不可諫而不諫，可謂不智乎？知虞公之將亡而先去之，不可謂不智也。時舉於秦，知穆公之可與有行⑪也而相之，可謂不智乎？相秦而顯其君於天下，可傳於後世，不賢而能之乎？自鬻以成其君，鄉黨自好⑫者不爲，而謂賢者爲之乎？」（〈萬章上〉九）

①**鬻**：音「玉」，賣。

②**食**：食，音「似」，同「飼」。

③**要**：音「腰」，求取，指求取官位。

④**好事者**：喜歡生造事端、信口開河的人。

⑤**虞**：國名，故址在今山西省平陸縣。

⑥**垂棘**：晉國地名，以產美玉著名。

⑦**屈產之乘**：屈，地名，產良馬。乘，四馬。屈地所產的四匹良馬。

⑧**假道**：借路。

⑨**虢**：音「國」，國家名，故址在今河南省陝縣。

⑩**宮之奇**：虞國賢大夫，以「脣亡齒寒」的道理進諫虞君，但未被接納。

⑪**可與有行**：可以有所作爲。

⑫**自好**：潔身自愛。

【語譯】萬章問孟子說：「有人說：『百里奚以五張羊皮，自己賣身給秦國養牲畜的人，他給人家餵牛，藉此求取秦穆公的官位。』是真的嗎？」

孟子說：「沒有的事，不是那樣的，那是喜歡生事的人揑造出來的。百里奚是虞國人。晉國拿垂棘地方出產的美玉和屈地所產的良馬四匹，當作禮物向虞國借路攻伐虢國。虞國大夫宮之奇勸諫虞君不要允許，而百里奚不去勸諫，因為百里奚知道虞君是無法勸諫的，就出走到秦國去。他此時年紀已七十歲了，難道還不知道借著餵牛來要求秦穆公任用他是一種污辱嗎？這能算是聰明嗎？知道無法勸諫而不勸諫，這能說是不聰明嗎？知道虞君將要亡國，就先離去，這不能說是不聰明啊！當時他被秦國舉用，知道秦穆公可以有所作為而輔助他，這能說是不聰明嗎？輔助秦國而顯揚他的國君於天下，流傳到後世，不賢明的人能有這樣的表現嗎？自己賣身來接近國君求取官位，就是鄉里間稍知自愛的人，都不肯做，而說賢明的百里奚會去做嗎？」

(2)陳臻①問曰：「前日於齊，王餽兼金②一百而不受；於宋，餽七十鎰③而受；於薛④，餽五十鎰而受。前日之不受是，則今日之受非也；今日之受是，則前日之不受非也。夫子必居一於此矣。」

孟子曰：「皆是也。當在宋也，予將有遠行；行者必以贐⑤，辭曰：『餽贐。』予何爲不受？當在薛也，予有戒心⑥；辭曰：『聞戒。』故爲兵餽之，予何爲不受？若於齊，則未有處⑦也；無處而餽之，是貨之也。焉有君子而可以貨取⑧乎？」

（〈公孫丑下〉三）

①**陳臻**：孟子的門人。

②**兼金**：金，古代金銀銅的通稱。兼金，價格是普通金子兩倍的高純度金子。

③**鎰**：量詞。古代以二十兩爲「一鎰」。

④**薛**：小國名。在今山東省滕縣南。

⑤**贐**：音「進」，贈送遠行者的禮金。

⑥**戒心**：警戒之心，指前方路途不安全，需要預作周全的防備。

⑦**未有處**：處，音「楚」，位置、地方。在此指沒有接受餽贈的理由。

⑧**貨取**：以財貨收買。

【語譯】陳臻問孟子說：「從前在齊國，齊王送給您高純度金子二千兩，您不肯收受。後來在宋國，宋君送了平常的金子一千四百兩，您卻是接受了；在薛國，薛君送了平常的金子一千兩，您也接受下來。如果說，從前的不受是對的，那後來的受，就是不對了；如果後來的受是對的，那從前的不受就是不對了。受與不受，夫子必有一個是不對的了。」

孟子回答說：「我的受與不受，都是對的。當我在宋國，我將有遠行，對遠行的人有贈送旅費的禮，宋君的說法是：『贈送旅費。』我為什麼不接受呢？在薛國的時候，因為前方路途不安全，需要預作周全的防備。薛君說法是：『聽說先生有防範戒備之需要，所以送些費用給夫子設置兵備。』這是為兵費送的，我為什麼不受呢？至於在齊國的時候，安居無事，並沒有接受餽贈的理由。沒有理由還送我金子，這是用財貨收買我啊！那裏有君子可以用財貨收買的？」

(3)孟子曰：「可以取①，可以無取，取傷廉；可以與②，可以無與，與傷惠③；可以死，可以無死④，死傷勇。」（〈離婁下〉二三）

①**取**：收受。

②**與**：給與。

③**惠**：恩惠。

④**死**：犧牲生命。

【語譯】孟子說：「在接受財物的時候，乍看取了也沒什麼不對，但不接受也是可以的，這時我們如果取了，就會傷害到廉潔之心（因為我們很容易輕忽了取與不取的分際，當輕忽成了習慣，廉潔之心就淡了）。在餽送財物的時候，乍看給了也沒什麼不好，但不給也是可以，這時我們如果給予了，就會傷害到恩惠之心。在生死的關頭，乍看奮勇犧牲顯得很勇敢，但有時也不一定非犧牲不可；細思卻大可不必犧牲。如果貿然犧牲了，就會傷害到真正武勇之心。」

文意解析

第一則選文中，萬章詢問百里奚的故事：「有人說百里奚故意以五張羊皮的代價將自己賣給秦國養牲畜的人，以便藉著養牛，求得被秦穆公任用的機會。真是這樣的嗎？」孟子反覆推敲百里奚的爲人，否定了這種傳聞。孟子說，百里奚懂得虞君不可諫、虞國不可救，像這麼明智的人，不會以爲用污辱自己的方式求得權位之後，可以治國安邦。孟子指出，百里奚流落至秦國時已經七十歲了，飼牛而活恐怕是落魄至極的遭遇；他只是幸逢穆公慧眼識才，因而得以大展抱負，讓這段君臣間的佳話傳頌後世。特意賣身爲奴來讓一個國君成名，一般潔身自愛的人都不會願意，何況是百里奚那樣的賢人？在孟子看來，進退出處是君子之大節，大節既虧，要憑什麼來端正君主、領導百姓？君子寧可坦蕩的失敗，也不要羞辱的成就。立身的大智慧，絕不同於投機取巧的小聰明。

第二則選文中，陳臻提出疑問：在齊國時，齊王致贈高價的金子一百鎰，孟子不接受；在宋國時，宋王贈金七十鎰，又在薛地時，薛君贈金五十鎰，都接受了。辭與受，想必有一個對，一個不對。孟子說：當時情況不同，辭或受都各有道理，不可拘泥。宋王餽贈孟子旅費，薛君資助安全防備，在當時的特殊情況下，接受餽贈是合理的；但齊王無故地賜予，就近於拿金錢來收買，當然要拒絕，這與金額多寡無關。君子能夠分辨事理，掌握禮義的眞正價值，行事自然從容而有餘裕，無不合乎分寸。

第三則選文，孟子討論人生的抉擇。接受或辭讓、給予或拒絕，是人生時時遭遇的問題。別人對我們施與、餽贈，有時看來接受、不接受都可以，不犯法、不害人，但孟子提醒，若是選擇收取，恐怕久而久之，我們對廉潔之心的警覺就會淡了吧？相對的，有時候我們給予施捨或者拒絕也都可以，若是給予了，或許會損害了施恩應有的意義，讓受者不知珍惜。這些斟酌，關鍵在於慎重不苟。當遭遇生與死的生命抉擇時，亦復如是：有時自己的生命雖然可以犧牲，也可以不要犧牲，若是輕易犧牲生命，這犧牲也就太廉價了，也會傷害了眞正的英勇之心。

孟子指出，不論出處進退、辭受取與或生死之際，君子都要能獨立判斷，做出明智的抉擇。賢者立身處事只求合乎正道，絕不苟且，非但拒絕不擇手段、唯利是圖，也堅持不討好、不媚俗、不沽名釣譽。對世俗所謂樂善好施、自我犧牲等美名，絕不輕易迎合，這才是立身的大節。他們懂得眞正的價值所在，因而可以超拔流俗，成爲人格的典範。試想，如果能夠認識這種智慧，心靈將是何等的遼闊啊！

相關章句

淳于髡①曰：「男女授受不親，禮與？」

孟子曰：「禮也。」

曰：「嫂溺②則援之以手乎？」

曰：「嫂溺不援，是豺狼也。男女授受不親，禮也；嫂溺援之以手者，權③也。」

曰：「今天下溺矣，夫子之不援，何也？」

曰：「天下溺，援之以道；嫂溺，援之以手。子欲手援天下乎？」（〈離婁上〉十七）

①**淳于髡**：髡，音「坤」。姓淳于，名髡，齊人，以善於巧辯、言辭滑稽著稱。

②**溺**：溺水。

③**權**：變通。

【語譯】淳于髡說：「男女交遞物品不直接交到對方手中，這是禮嗎？」

孟子說：「這是禮。」

淳于髡說：「嫂嫂將淹死，應該伸手救助嗎？」
孟子說：「嫂嫂將淹死而不伸手救助，那簡直是豺狼禽獸之行。男女交遞物品不直接交到對方手中，這是禮；嫂嫂將淹死而伸手救助，則是權宜變通的做法。」
淳于髡說：「現在天下人陷於苦難之中，您卻不伸手救援，又是為什麼呢？」
孟子說：「天下水深火熱，要用道去救助；嫂嫂溺水，要用手去救。難道你想讓我用手救天下之人嗎？（我現在守住正道，正是在救天下之溺啊！）」

問題與討論

(1)在生活中，你應該遇過需要變通或權衡的狀況吧？請舉個例子，分享一下當時你如何處理？最後結果如何？如今想來，又得到怎樣的體會呢？
(2)每個人都有自己的一套處世原則，有的是「忠於朋友，絕不背叛」，有的是「寧我負人，不使人負我」，有人只想著「人生苦短，及時行樂」。你的處世原則是什麼？又是受到誰的影響呢？

第七單元

扛起傳統向前走

前言

世界上的古老文明都有若干智慧的結晶，它們在經歷了漫長的歲月，見證了無數變遷之後，流傳千年的經典文獻依然在我們眼前散發光芒。試想：在無數世代更替裏屹立不搖、一直伴隨著人們的，是什麼珍貴的訊息、親切的智慧？透過前六個單元，相信你已經認識了孟子對人心、人性和自我修養的闡述。現在，我們將隨著他步入群體和文化的殿堂，繼續一覽究竟。

本單元的主題是「傳統」，著重在孟子繼承孔子所說的仁道傳統，而又有所創新。第一節「體認傳統」，呈現孟子如何體認仁道傳統，展現對人真正的關懷，說服統治者以仁政治國。第二節「扛起傳統」，闡釋孟子從往昔的典範裏印證自己的信念，投身仁道傳統，勇敢地與不同的道德標準進行論辯。第三節「創新傳統」，強調孟子如何靈活地發揮仁道的精神，有「經」有「權」，在各種處境下因時制宜，讓珍貴的核心價值在時代的前進中充滿活力。

事實上，每個人都活在傳統中，如同孟子一樣。但能否意識到傳統並非包袱，而是進一步繼往開來的資產，就因人而異了。孟子以孔子所確立的核心價值（仁）自任，承先啓後，不僅在性善論，更在政治思想上，留給後世深遠的影響。直至今日，這一精神傳統仍然經得起歷史的考驗，也繼續保留在我們的生活中。

第一節　體認傳統

選文與註釋

(1)孟子見梁惠王①。王曰：「叟②不遠千里而來，亦將有以③利吾國乎？」孟子對曰：「王何必曰利？亦④有仁義而已矣。王曰：『何以⑤利吾國？』大夫曰：『何以利吾家⑥？』士、庶人⑦曰：『何以利吾身？』上下交征利⑧，而國危矣。萬乘之國⑨，弒⑩其君者，必千乘之家；千乘之國，弒其君者，必百乘之家。萬取千焉，千取百焉，不爲不多矣⑪。苟爲後義而先利，不奪不饜⑫。未有仁而遺⑬其親者

也，未有義而後其君者也。王亦曰仁義而已矣，何必曰利？」（〈梁惠王上〉一）

①**梁惠王**：即魏惠王，惠是謚號。因遷都大梁（今河南省開封市），人稱梁惠王。

②**叟**：老人家，對長者的敬稱。

③**有以**：有辦法。

④**亦**：但、只。

⑤**何以**：即「以何」，用什麼？

⑥**家**：大夫的宗族，實際上指其政治集團。大夫享有「采邑」，得以維繫宗族，領有家臣、賓客及自己的軍隊，並治理人民，這種政治集團即稱爲「家」。

⑦**士庶人**：士，古代貴族最低的階級。庶人，即百姓。

⑧**上下交征利**：征，奪取。全國上下相互爭奪私利。

⑨**萬乘之國**：乘，音「勝」，兵車的單位，含配置的馬匹和士卒。擁有萬輛兵車的國家。原指天子之國，但戰國時代的強大諸侯亦擁有萬乘。

⑩**弒**：音「事」。古代凡是以下殺上、以卑殺尊都稱爲弒。

⑪**萬取千焉，千取百焉，不為不多矣**：在一萬輛兵車的國家裏，大夫可擁有一千輛；在

一千輛兵車的國家裏，大夫可擁有一百輛。這些大夫擁有的不算少了。

⑫**饜**：音「驗」，滿足。

⑬**遺**：遺棄。

【語譯】孟子拜見梁惠王。梁惠王說：「老先生！您不辭千里之遠來到我國，應該是有什麼好方法使我國得到利益吧？」

孟子回答說：「大王為什麼要談『利』呢？只要講求『仁義』就夠了。大王說：『怎樣才能對我國有利？』大夫說：『怎樣才能對我家族有利？』士人和百姓說：『怎樣才能對我自己有利？』全國上下相互爭奪私利，國家便危險了。擁有萬輛兵車的大國，殺它君王的，一定是擁有千輛兵車的大夫；擁有千輛兵車的小國，殺它君王的，一定是擁有百輛兵車的大夫。這些大夫在一萬輛兵車中擁有一千輛，在一千輛兵車中擁有一百輛，這些大夫擁有的不算少了。但如果輕視仁義而重視利益，這些大夫不把國君整個產業奪過來，是不會滿足的。沒有仁人會遺忘他的雙親，沒有義士會怠慢他的君王。所以大王只要談『仁義』就好了，何必要談『利』呢？」

⑵齊宣王問曰：「文王之囿①方七十里，有諸②？」

孟子對曰：「於傳有之③。」

曰：「若是其大乎？」

曰：「民猶以爲小也。」

曰：「寡人之囿方四十里，民猶以爲大，何也？」

曰：「文王之囿方七十里，芻蕘者④往焉，雉兔者⑤往焉，與民同之。民以爲小，不亦宜乎？臣始至於境，問國之大禁⑥，然後敢入。臣聞郊關⑦之內有囿方四十里，殺其麋鹿者如殺人之罪。則是方四十里，爲阱⑧於國中。民以爲大，不亦宜乎？」

（〈梁惠王下〉二）

①**囿**：音「右」，君主擁有的園林。

②**諸**：「之乎」的合音詞。

③**於傳有之**：傳，「賺」，指古書。孟子並沒有肯定眞假，只說書上有此記載。

④**芻蕘者**：芻，音「除」，草。蕘，音「饒」，柴薪。砍柴取草的人。

⑤**雉兔者**：雉，音「至」。獵取山雉野兔的人。

⑥**大禁**：最重的禁令。

⑦**郊關**：四郊之門。古代城邑四郊防禦用的關門。

⑧**為阱**：阱，音「井」，捕獸或擒人的陷坑。布置陷阱。

【語譯】齊宣王問道：「（聽說）周文王有一個方圓七十里的園林，真有這回事嗎？」

孟子回答：「史書上有這樣的記載。」

（宣王）問：「真有那麼大嗎？」

（孟子）說：「可百姓還嫌它太小呢！」

（宣王）說：「我的園林方圓才四十里，可百姓還覺得太大，這是為什麼呢？」

（孟子）說：「文王的園林方圓七十里，砍柴取草的人可以去，捕禽獵獸的人也可以去，它是個君王與百姓共用的場所。百姓嫌它小，不是很合理嗎？我剛到（齊國）邊境時，就先問過國家的重要禁令。我聽說在國都的郊野有四十里見方的園林，（如果有誰）殺死了園林裏的麋鹿，就跟殺死了人判同等的刑，那麼，這四十里見方的園林，就等於在國內設置了一個方圓四十里的大陷阱。百姓覺得它太大，不是非常合理嗎？」

文意解析

第一則選文，正是《孟子》全書的第一章，開宗明義地彰顯「義利之辨」的主張，因此歷代讀者都耳熟能詳。《史記》作者司馬遷曾說，他每次讀到孟子和梁惠王對話裏「何以利吾國」這句話，就會「廢書而歎」，並想到孔子的「罕言利」（《論語．子罕》）。由此可見，孔、孟有著一脈相承的價值觀。

好大喜功的梁惠王，儘管積極侵略鄰國，縱橫捭闔，卻總是敗軍失地，非但一事無成，而且國勢日挫。當暮年的他接見不遠千里而來的孟子時，滿心以爲對方必定帶來對魏國有利的奇謀妙計，萬沒想到孟子開口就給他當頭棒喝：「王亦曰仁義而已矣，何必曰利？」孟子提醒梁惠王，不應只想到利益，反而應該改變價值觀，要懂得仁義爲先、先義後利的道理。孟子爲梁惠王分析：王如果把自己的利益放在前面，那麼大夫、士、庶人也都會想要圖謀自己的利益，一旦舉國上下人人以私利爲優先，就免不了利害的衝突與對抗，上下爭利，篡奪巧取，利欲薰心，永遠不會滿足。如此一來，人民、國家哪有希望？孟子並沒有否定「利」，而是強調要優先考慮「義」，先後順位不可顛倒。爲什麼「仁義」可以安定國家？心中有「仁」，一定深愛自己的至親，哪會遺棄父母？心中有「義」，一定先公後私，哪會輕忽了國君？由此可見，治國之道，唯有先義而後利才是正途。孟子最後再次重申：「王亦曰仁義而已矣，何必曰利？」

戰國時代各國相爭，誰不是爲了一己之利？在貴戚消退、布衣將相的政治格局下，功名之士風雲一時，絡繹於列國王庭，試問哪種利害算計沒有被考慮過？但民生休戚、國之大計，卻總是備受忽略，這是孟子不能忍受的事。然而，當時的君王驟然聽到孟子這種與眾不同的議論，會感到多麼的匪夷所思，是可以想像的。在前述對話中，梁惠王最終沒有接話，他是慚愧不已而無言以對嗎？是深受震撼而噤口結舌嗎？還是話不投機？留給讀者許多想像空間。

第二則選文，是孟子與年輕的齊宣王的對話。齊宣王因爲廣大的苑囿而飽受人民非議。他想到傳說中周文王的苑囿範圍縱橫各七十里那麼大，自己的獵場縱橫才四十里就飽受批評，心有不甘，因而向孟子詢問緣故。孟子不爭論文王苑囿的大小究竟如何，只說文王苑囿雖大，人民卻還嫌小，因爲都和人民分享，人民可以來此砍柴、打獵。反觀齊宣王的苑囿卻只供他自己獨占，人民若是私自闖入，獵殺了裏面的鹿，竟然罪如殺人！這簡直是對百姓設下的陷阱，人民當然覺得它太大了。由此可見，問題的關鍵不在苑囿實際的大小，而是在能否體諒人民的感受，懂得共享資源、與民同樂。

孟子沒有反對功利或自利，但是，不論爲人處事或爲國治民，首先都要懂得先義而後利，能夠以恕道待人，設身處地的體察他人的感受，這是安定社會、凝聚人心的不二法門。這些道理本是孔子仁道傳統的核心價値，孟子在政治方面尤其充分發揮了這種精神，於是屹然而成爲力抗潮流的中流砥柱。宋儒張載說：「爲天地立心，爲生民立命。」孟子是當之無愧的。

相關章句

齊宣王見孟子於雪宮①。王曰：「賢者亦有此樂乎？」

孟子對曰：「有。人不得，則非②其上矣。不得而非其上者，非也；爲民上而不與民同樂者，亦非也。樂民之樂者，民亦樂其樂；憂民之憂者，民亦憂其憂。樂以天下，憂以天下，然而不王者，未之有也。」（〈梁惠王下〉四）

①**雪宮**：齊國的離宮。

②**非**：動詞，非議。

【語譯】齊宣王在離宮接見孟子。宣王說：「賢人也享有這種快樂嗎？」

孟子回答說：「有。人們要是得不到這種快樂，就會非議他們的國君。得不到這種快樂就非議國君是不對的；可是作為老百姓的領導人而不與民同樂也是不對的。國君以百姓的快樂為快樂，百姓也會以國君的快樂為快樂；國君以老百姓的憂愁為憂愁，老百姓也會以國君的憂愁為憂愁。以天下人的快樂為快樂，以天下人的憂愁為憂愁，還不能夠使天下人歸服，這種事是沒有過的。」

問題與討論

(1)孟子反對「後義而先利」，在現代社會也有公義和私利的分辨。請想想，如果凡事都優先考量自己的利益，把人當作工具，那麼人與人之間的關係、社會的生活會變成什麼樣的情況？請在生活中舉出類似的例子來說明。

(2)「文王之囿，民以為小」、「宣王之囿，民以為大」，為什麼對苑囿大小的感受是那麼的不同呢？有沒有類似的例子可以說明這是怎麼回事？

第二節　扛起傳統

選文與註釋

公都子曰：「外人皆稱夫子好辯，敢問何也？」

孟子曰：「予豈好辯哉？予不得已也。……世衰道微，邪說暴行有作①，臣弒其君者有之，子弒其父者有之。孔子懼，作《春秋》。《春秋》，天子之事也②。是故孔子曰：『知我者其惟《春秋》乎！罪我者其惟《春秋》乎！』

聖王不作，諸侯放恣③，處士橫議④，楊朱⑤、墨翟⑥之言盈天下。天下之言，不歸⑦楊，則歸墨。楊氏為我，是無君也⑧；墨氏兼愛，是無父也⑨。無父無君，是禽獸也。公明儀曰：『庖⑩有肥肉，廄⑪有肥馬，民有飢色，野有餓莩⑫，此率獸而食人⑬也。』楊墨之道不息，孔子之道不著，是邪說誣⑭民，充塞⑮仁義也。仁義充塞，則率獸食人，人將相食。吾為此懼，閑⑯先聖之道，距⑰楊墨，放淫辭⑱，邪說者不得作。作於其心，害於其事；作於其事，害於其政。聖人復起，不易⑲吾言矣。

昔者禹抑⑳洪水而天下平，周公兼㉑夷狄驅猛獸而百姓寧，孔子成《春秋》而亂臣賊子懼。《詩》云：『戎狄是膺，荊舒是懲，則莫我敢承㉒。』無父無君，是周公所膺也。我亦欲正人心，息邪說，距詖行㉓，放淫辭，以承三聖㉔者；豈好辯哉？予不得已也。能言距楊墨者，聖人之徒㉕也。」（〈滕文公下〉九）

①**世衰道微，邪說暴行有作**：有，音「右」，通「又」。作，興起。指周室東遷後，世界衰亂，正道不明，邪僞的學說、暴虐的行爲又再出現。

②**《春秋》，天子之事也**：指《春秋》是史官的職掌，史官本於天子之命記事，並以褒善貶惡。

③**放恣**：放肆不守法度。

④**處士橫議**：橫，音「橫」，去聲，放肆無理。無官職之士不負責任的發違理之論。

⑤**楊朱**：戰國初期思想家，主張爲我、貴己，生平不詳。

⑥**墨翟**：翟，音「狄」。魯人，倡兼愛、非攻等思想。其學說盛行當世，有《墨子》一書傳世。

⑦**歸**：歸附。

⑧**楊氏為我，是無君也**：楊朱主張爲我，極端重視個人利益，心中沒有君主。君主在此

亦代表群體秩序。

⑨**墨氏兼愛，是無父也**：墨子主張愛無差等，視自己的父母如同別人的父母，喪失了本有的親情。

⑩**庖**：音「袍」，廚房。

⑪**廄**：音「就」，馬棚。

⑫**餓莩**：莩，音「漂」，上聲，通「殍」，餓死的人。

⑬**率獸而食人**：率領野獸去吃人。

⑭**誣**：欺騙。

⑮**充塞**：阻塞。

⑯**閑**：音「咸」，本指柵欄，引申為保衛。

⑰**距**：通「拒」，排斥。

⑱**放淫辭**：放，驅除、摒棄。掃除放蕩無理的言論。

⑲**不易**：不會更改。

⑳**抑**：平息。

㉑**兼**：兼併，平定。

㉒**「戎狄是膺」三句**：出於《詩經》魯頌的〈閟（音「必」）宮〉。是，語助詞。膺，打擊。荊，楚人。舒，舒人，當時居淮水流域、成立許多小國的南方民族。承，抵擋。打擊凶暴的戎、狄，懲治野蠻的荊、舒，就沒有人敢抵抗我。

㉓**詖行**：詖，音「必」，偏頗、不正。偏頗不正的行為。

㉔**三聖**：指禹、周公、孔子。

㉕**徒**：徒從，追隨者。

【語譯】公都子說：「別人都說老師喜歡和人爭辯，冒昧地請問這是為了什麼？」

孟子說：「我哪裏喜歡和人爭辯呢？我是不得已的啊！……周室東遷以後，世界衰亂，正道不明，邪偽的學說、暴虐的行為又再出現。臣子殺害君主的事發生了，兒子殺害父親的事也發生了。孔子非常擔心，便寫了《春秋》。撰寫《春秋》來褒善貶惡，本當為天子的職權。所以孔子說：『瞭解我的人，可能是因為這本《春秋》。責備我的人，也可能是因為這本《春秋》。』

聖明的帝王沒有出現，諸侯胡作非為，連沒有官職的士人也毫無顧忌地發表議論，楊朱、墨翟的言論傳遍天下。天下的言論，不是屬於楊朱這一派，便是屬於墨翟這一派。楊朱主張為我，極端重視個人利益，心中沒有君主。墨子主張愛無差等，視自己的父母如同別人的父母，喪失了本有的親情。心目中沒有父母、君長，那和禽獸便沒分別了。公明儀說：『國君的廚房裏有肥美的肉塊，馬棚裏有健壯的馬匹，野外卻有餓死的人，這等於是帶領著野獸去吃人啊。』楊朱、墨翟的學說不滅絕的話，孔子的正道便無法昌明，這種謬誤的學說將欺騙人民，堵塞了仁義的大道。仁義的大道被堵塞，那不僅是帶領著野獸去吃人，人還會彼此相食啊！我為此擔心，所以努力捍衛先前聖人的正道，抵制楊朱、墨翟的學說，去除放蕩不實的言論，讓謬誤的學說不能興起。因為心中存有謬誤的學說，便會妨害行事；謬誤的學說用於行事，便會妨害政務。即使聖人復活，也不會否定我的說法。

從前大禹治理洪水，天下才得以太平；周公兼併夷狄，驅離野獸，百姓才得以安寧；孔子寫了《春秋》，叛亂的臣子、不孝的逆子才有所恐懼。《詩經》說：『打擊凶暴的戎、狄，懲治野蠻的荊、舒，就沒有人敢抵抗我。』心目中沒有父母、君長，正是周公所要攻擊的。我也是想要端正天下的人心，滅絕謬誤的學說，抵制偏頗的行為，去除放蕩無禮的言論，來繼承三位聖人的遺志，哪裏是喜歡和人爭辯呢？我是不得已的啊！能夠抵制楊朱、墨翟的言論，才是聖人的追隨者啊。」

文意解析

本節的選文是節錄自〈滕文公下〉第九章的一段長文，孟子在這裏坦然表白了自己的志業。

談話是從孟子的弟子公都子的提問開始的。在別人眼中，一提起孟子，總是將孟子貼上「好辯」的標籤。公都子好奇的是，孟子對此將如何解釋？孟子回答他：「我哪裏是喜歡與人爭辯呢？實在是不得不辯啊！」爲什麼不得不辯？不是爲了自己，而是爲了時代。孟子不是活在「前不見古人，後不見來者」孤島中，而是活在眞實的歷史與傳統裏，他期許自己是個繼承傳統、體認傳統、開創傳統的人。孟子回顧歷史，當仁道衰微、邪說暴行出現的年代，孔子曾撰《春秋》來褒貶統治者的作爲，力挽狂瀾。孔子明知道《春秋》記事是史官之職、天子之命，輪不到他來作；他也想到，或許有人會由這部書瞭解他不得不爲的苦心，也或許有人會因此指責他僭越了身分。孔子爲什麼這麼做呢？因爲歷史是正義的最後一道防線，如果天下和史官無法盡責，必須有人挺身而出承擔起這分責任，更因爲只有徹底剖析導致亂世的根源，才能彰明撥亂反正的至理。在孔子而言，這一使命也是「捨我其誰」的。

當孟子的時代，聖王終究沒有出現，諸侯放肆無道，一般布衣之士也猖狂議論。不僅國家、社會不安，而且是非混淆，價值錯亂。舉世的言論歸納起來，若非贊成徹底的自利，就是支持不分彼此的和平，前者可由主張「爲我」的楊朱來代表，後者則以高舉「兼愛」的墨翟爲領袖。孟子批評，極端重視個人的利益，便忽視了群體，也揚棄了秩序，等於目無君上；主張愛無差等，便混淆了親疏遠近，割捨了眞情實意，形同背棄父母。無父、無君之人，生命的價值何在？如此又與但求生存的禽獸何異？若不發揚孔子的仁道，任由邪說橫行，杜絕了仁義之路，將使人間喪失眞實的價值依據。一旦如此，可以預見，人類將墮落得毫無底線，自相殘殺的悲劇是無法避免的。孟子爲此深感憂慮，因此挺身捍衛正道，不遺餘力地抨擊邪說。

從前大禹治理洪水，天下得以太平；周公蕩平夷狄，驅趕猛獸，安定了民生；孔子作《春秋》，令亂臣賊子心生畏懼。他們各自在不同的時代，以不同方式維護人類的文明。而今孟子所做的，則是端正人心，止息種種偏蔽的主張、錯誤的行事與氾濫不實的言辭，藉著導正價值觀的偏差來挽救人民於苦難，避免文明淪亡。孟子之辯，實非得已，他以此扛起了傳統，繼承了大禹、周公、孔子的志業，爲時代指出仁道理想的希望。

(1)孟子說：「仁義充塞，則率獸食人，人將相食。」請想想看，中外歷史上有沒有實例可以佐證這句話？

(2)當你看到自己無法認同的事情，有沒有在眾人之前說出自己的看法的勇氣？如果沒有，為什麼？如果有，請分享相關經驗。

第三節　創新傳统

選文與註釋

(1)淳于髡[①]曰：「男女授受不親[②]，禮與[③]？」

孟子曰：「禮也。」

曰：「嫂溺則援之以手乎？」

曰：「嫂溺不援，是豺狼④也。男女授受不親，禮也；嫂溺援之以手者，權⑤也。」

（〈離婁上〉十七）

①**淳于髡**：姓淳于，名髡（音「坤」），齊人，以善辯著稱。

②**男女授受不親**：授，給予。古禮，男女一般不應親手傳遞東西，必須一人放下，另一人再拿取。

③**與**：同「歟」，句末疑問語氣詞。

④**豺狼**：豺與狼，皆兇猛的野獸，比喻冷酷殘忍的人。

⑤**權**：權衡輕重，權變。古人用天平稱重量，權是法碼，衡是秤具，權、衡作為動詞時，表示衡量輕重，引伸則指一時的權宜變通。

【語譯】淳于髡說：「男女交遞物品不直接交到對方手中，這是禮儀嗎？」

孟子說：「這是禮儀。」

淳于髡說：「嫂嫂將淹死，應該伸手救助嗎？」

孟子說：「嫂嫂將淹死而不伸手救助，那簡直是豺狼禽獸之行。男女交遞物品不直接交到對方手中，這是禮儀；嫂嫂將淹死而伸手救助，則是權宜變通的做法。」

(2)齊宣王問曰：「湯放桀①，武王伐紂，有諸？」

孟子對曰：「於傳有之。」

曰：「臣弒其君可乎？」

曰：「賊仁者謂之賊②，賊義者謂之殘③，殘賊之人謂之一夫④。聞誅⑤一夫紂矣，未聞弒君也。」（〈梁惠王下〉八）

①**湯放桀**：放，放逐。商湯放逐夏桀。

②**賊仁者謂之賊**：賊，害。傷害仁道的人，叫做賊。

③**賊義者謂之殘**：殘，傷。傷害道義的人，叫做殘。

④**一夫**：獨夫。指眾叛親離，沒有資格、沒有能力再當國君的人。

⑤**誅**：討伐有罪。

【語譯】齊宣王問孟子道：「商湯放逐夏桀，武王討伐殷紂，真有這種事嗎？」

孟子答道：「在古書上有這樣記載。」

宣王說：「（桀、紂是天子，湯、武是諸侯）做臣子的可以殺了他的君上嗎？」

孟子說：「傷害仁道的人叫做賊；傷害道義的人叫做殘；殘賊仁義的人，就叫他做

『獨夫』。我只聽說周武王殺了一個名字叫『紂』的獨夫，沒聽說武王殺了他的國君呢！」

(3)**孟子曰：「楊子取①為我，拔一毛而利天下，不為也。墨子兼愛，摩頂放踵②利天下，為之。子莫③執中，執中為近之，執中無權④，猶執一也。所惡執一者，為其賊道也，舉一而廢百也。」**（〈盡心上〉二十六）

①**取**：「主張」的意思。

②**摩頂放踵**：摩，通「磨」，指磨禿。放，音「訪」，至。從磨禿了頭頂，直到腳跟，形容奉獻全部身軀，相對於「拔一毛」。

③**子莫**：魯國賢人。

④**執中無權**：緊緊固守著兩端之間的某個定點，避免極端，卻沒有權衡變通。

【語譯】孟子說：「楊朱主張『為我』，即使拔身上的一根毛，而有利於天下，他也不肯做；墨翟『愛無差等』的兼愛主張，認為即使從頭到腳都磨禿磨平了，只要有利於天下，他都肯做。魯國的賢人子莫，執守楊、墨兩家的中道，執中道，該是近道了。但是緊緊固守著兩端之間的某個定點，避免極端，卻沒有權衡變通，仍然是執守一偏之見。所以嫌惡執守一偏之見的人，是因為他賊害正道，只顧及一方面，卻廢棄了其他各方面的可能性。」

文意解析

在第一則選文中，齊國辯士淳于髡以「男女授受不親」與「嫂溺則援之以手」的兩難困境質問孟子，孟子直接以「禮」和「權」的區別來回應。在孟子看來，「男女授受不親」的原則是固定的，不宜輕易變動，這就是「常禮」，後人也稱之爲「經」。但若是遇上特殊狀況，如同攸關性命的危急時刻，「嫂溺則援之以手」是理所當然的，這就是「權」。遵循正道與通權達變，是並行不悖的道理。

第二則選文中，齊宣王問孟子：歷史上商湯放逐夏桀、周武王討伐商紂，這種以臣弒君的事情可以嗎？孟子答道，像桀紂那樣的殘害仁義的人，早已背棄了人群，不配稱爲君了，所以商湯和武王只是殺了個獨夫罷了，不算是弒君。換言之，臣下固然必須忠於君主，但若君主之所爲如果徹底違背人道的底線，他就失去了爲君的正當性，忠君的義務也就不存在了。

第三則選文，孟子強調「執中」與「權衡」的重要性。與孟子同時的楊子主張「爲我」，拔一毛而利天下都不肯做；墨子願意不辭勞苦，樂於爲天下人奉獻犧牲全部生命。這兩類見解都有大量的追隨者，絕非毫無道理。但孟子說，楊子顯然「不及」，墨子則「太過」，兩人各走極端。此外，也有像子莫這樣的人，主張在兩者之間採取折中立場。出人意表的是，孟子對三者都不贊同。那麼，他的主張究竟是什麼呢？孟子說，應該不偏一端，靈活變通。換言之，人有該切身爲己的時候，也有該犧牲小我的時候，得視具體情況做不同的抉擇。這得深切體認核心價值，又有通權達變、因事制宜的高度智慧。由此看來，孟子對楊、墨的批評，並不是全然的否定，而是要求人們應該開放心胸，接納廣闊的可能，不要拘於一偏之見。

每個傳統都會基於它原本的立意，訂下些具體的做法。隨著時代情境的變遷，總會有些過去的行事準則顯得過時，窒礙難行，這時就必須變通。變通並非揚棄傳統，也不能只想把不同方案輕易地合併折中，必須反思傳統價值的眞義，面對現今的困難處境和價值衝突，權衡取捨，融會貫通，才能找出合理的作法。一旦有效解決困難而又保有價值，傳統就獲得更新而向前邁進，繼續成爲新生文化的源頭活水。

僵化的傳統是創新的阻礙，失落了傳統則是生命莫大的悲劇，唯有生生不息、具開放性的傳統，才能成爲創造力的泉源和生命意義的憑藉。

(1)像墨子那樣願意徹底犧牲自己來幫助整個世界的人，像楊朱那樣絲毫不願幫助別人的人，他們太極端了嗎？你認為該怎麼折中呢？請舉個例子來說明。

(2)日常生活中的傳統或規範，哪些你覺得也需要「權變」的？理由是什麼？

(3)孟子為什麼不贊成「執中無權」？請從日常生活經驗舉例，說說「執中無權」會有什麼結果。

第八單元

仁心與仁政

前言

儒家稱理想的政策和制度爲「仁政」，這一名詞是孟子所創。孟子本於孔子所教導的「仁」，認爲秉持仁心、妥善照顧人民生活的政治措施，可稱爲「仁政」，也叫做「不忍人之政」。仁政的理念和內容，以及所涵括的責任理論，構成中國政治傳統的核心價值。

本單元選讀的是《孟子・梁惠王上》第七章，齊宣王和孟子的一場峰迴路轉、高潮迭起的對話。爲方便教學，我們將對話分爲三節，分別標題，讓讀者一邊欣賞情節，一邊認識孟子對「仁政」的整體分析。

第一節〈王者之心〉。齊宣王向孟子請教齊桓公和晉文公兩位霸主的爲政典範。孟子一口回絕，轉而提出了王道的話題。靠著對齊宣王一件怪異行事「以羊易牛」所做的心理分析，孟子讓齊宣王大受感動。孟子指出，齊宣王無疑具有愛護人民、成爲王者的基本條件。

第二節〈仁政的力量〉。齊宣王的心裏還很猶豫，在孟子循循誘導下，他終於坦率表達內心的想法，吐露自己的政治野心。孟子沒有否定他，反而說，只要施行仁政、關懷人民，就能達成心願。

第三節〈仁政的藍圖〉。談話的最後，孟子揭示了仁政的原則和藍圖：先要「爲民制產」，全面保障民生，然後設立學校來教化人民。人民懂得了人倫，將會自發地相互扶持，共同建立和諧理想的社會。

第一節　王者之心

選文與註釋

齊宣王①問曰：「齊桓、晉文之事②，可得聞③乎？」

孟子對曰：「仲尼之徒無道桓、文之事者，是以後世無傳焉。臣未之聞也。無以④，則王⑤乎？」

曰：「德何如，則可以王矣？」

曰：「保民而王⑥，莫之能禦⑦也。」

曰：「若寡人[8]者，可以保民乎哉？」

曰：「可。」

曰：「何由知吾可也？」

曰：「臣聞之胡齕[9]曰：『王坐於堂上，有牽牛而過堂下者，王見之曰：「牛何之[10]？」對曰：「將以釁鐘[11]。」王曰：「舍之[12]！吾不忍其觳觫[13]，若無罪而就死地。」對曰：「然則廢釁鐘與[14]？」曰：「何可廢也？以羊易[15]之。」』不識有諸？」

曰：「有之。」

曰：「是心足以王矣。百姓皆以王爲愛[16]也，臣固[17]知王之不忍也。」

王曰：「然。誠有百姓者[18]！齊國雖褊小[19]，吾何愛一牛？即[20]不忍其觳觫，若無罪而就死地，故以羊易之也。」

曰：「王無異[21]於百姓之以王爲愛也。以小易大，彼惡[22]知之？王若隱[23]其無罪而就死地，則牛羊何擇焉[24]！」

王笑曰：「是誠何心哉[25]？我非愛其財，而易之以羊也，宜乎[26]百姓之謂我愛也。」

曰：「無傷[27]也，是乃仁術[28]也，見牛未見羊也。君子之於禽獸也，見其生，不忍見其死；聞其聲[29]，不忍食其肉。是以君子遠庖廚[30]也。」

王說㉛，曰：「《詩》云：『他人有心，予忖度之㉜。』夫子㉝之謂也。夫我乃㉞行之，反㉟而求之，不得㊱吾心；夫子言之，於我心有戚戚焉㊲。此心之所以合於王者㊳，何也？」

曰：「有復㊴於王者曰：『吾力足以舉百鈞㊵，而不足以舉一羽；明足以察秋毫之末㊶，而不見輿薪㊷。』則王許㊸之乎？」

曰：「否。」

「今恩足以及禽獸，而功不至於百姓者，獨何與？然則一羽之不舉，爲不用力焉；輿薪之不見，爲不用明焉；百姓之不見保，爲不用恩焉。故王之不王㊹，不爲也，非不能也。」（待續）（〈梁惠王上〉七）

①**齊宣王**：田氏，名辟彊，威王之子。

②**齊桓**、**晉文之事**：指齊桓公和晉文公的霸業成就。

③**聞**：聽聞、知曉。

④**無以**：以，通「已」。不得已，猶云「若一定要說」。

⑤**王**：音「忘」，以王道治天下。後文「可以王」、「保民而王」音同。

⑥**保民而王**：保，本義是養護幼兒。由對人民關愛呵護，而成爲天下的王者。

⑦**莫之能禦**：沒有人能抵抗他。

⑧**寡人**：君主自稱的謙辭。

⑨**胡齕**：齕，音「合」。人名，齊王近臣。

⑩**之**：往。

⑪**釁鐘**：釁，音「信」，把牲血塗在新鑄的鐘上，是古代啓用樂器的祭禮，也有填補毛細孔來改善音質的效果。

⑫**舍之**：舍，同「捨」。把牛放了。

⑬**觳觫**：音「胡素」。恐懼顫抖的樣子。

⑭**與**：同「歟」。疑問助詞，下同。

⑮**易**：替換。

⑯**愛**：本指珍惜不捨，在此指吝嗇。

⑰**固**：的確，有十足把握之意。

⑱**誠有百姓者**：眞有百姓這麼想啊！

⑲**褊小**：褊，音「扁」，狹小。說齊國狹小是宣王自謙之詞。

⑳**即**：正是。

㉑**異**：詫異，驚訝。
㉒**惡**：音「屋」，如何、怎麼。
㉓**隱**：心痛，憐憫。
㉔**何擇焉**：有何差別呢？意謂羊和牛一樣值得同情。
㉕**是誠何心哉**：這究竟是什麼心理呀？宣王對自己當初的想法不解。
㉖**宜乎**：難怪。
㉗**無傷**：沒關係。
㉘**是乃仁術**：這乃是出於仁心的表現。
㉙**聲**：謂將死時的哀鳴。
㉚**遠庖廚**：遠，音「願」，遠離。庖廚，宰殺烹煮的廚房。
㉛**說**：同「悅」。
㉜**他人有心，予忖度之**：爲《詩經．小雅．巧言》的詩句。忖，音「寸」，上聲，度，音「墮」，揣測。形容君子善於體會他人的心理。
㉝**夫子**：猶今稱「先生」，指孟子。
㉞**乃**：才是。

㉟**反**：反問自己的內心。

㊱**得**：明瞭。

㊲**戚戚焉**：焉，通「然」。心動之狀，在此形容深獲我心的感覺。

㊳**合於王者**：合於王者保民之心。

㊴**復**：報告。

㊵**百鈞**：三十斤為一鈞，約為七點五公斤。百鈞形容極重。

㊶**明足以察秋毫之末**：明，視力。秋毫，野獸秋季所生的絨毛，特別柔細。末，末稍。

㊷**輿薪**：一車柴薪。

㊸**許**：認可，相信。

㊹**王之不王**：後一「王」字音「忘」。大王之所以不能王天下。

【語譯】齊宣王問道：「齊桓公、晉文公的霸業能夠說給我聽嗎？」

孟子回答說：「仲尼的門徒沒有談論齊桓公、晉文公霸業的，所以後代沒有傳下來。臣沒聽說過。若一定要說，那就談談以王道治天下，好嗎？」

宣王說：「要有怎樣的品德，才能以王道治天下呢？」

孟子說：「君王若對人民關愛呵護，那就沒有人能抵抗得了他。」

宣王說：「像寡人這樣，可以保護人民嗎？」

孟子說：「可以。」

宣王說：「你根據什麼知道我可以呢？」

孟子說：「臣聽胡齕說：『有一天，大王坐在朝堂上，有人牽著牛經過堂下，大王看到了，說：「牛要牽到哪裏去？」回答說：「將要牽去殺了，把血塗在新鑄的鐘上。」大王說：「放了牠吧！我不忍心看到牠恐懼發抖的樣子，就好像一個無罪之人要被押去刑場執行死刑。」回答說：「那要廢除塗血釁鐘的儀式嗎？」大王說：「怎麼可以廢除呢？用羊代替牠！」』不知有沒有這件事？」

宣王說：「有這件事。」

孟子說：「這樣的存心便足以稱王了。百姓都認為大王吝惜，臣就知道大王實是不忍心。」

宣王說：「是啊，真有這樣的無知的百姓以為我吝惜牛啊！齊國雖然狹小，我那會吝惜一頭牛？正是不忍心牠發抖，像一個無罪之人要被押去刑場執行死刑，所以用羊代替牠。」

孟子說：「大王不必奇怪何以百姓認為大王吝嗇。百姓只看見大王用小羊代替大的牛，他們怎會知道大王的用心？大王如果憐憫牛沒罪，卻被押赴刑場，那換隻羊又有何區別呢？」

宣王笑道：「是啊！我當時是存的什麼心呢？我並非吝惜財物才用羊代替牛，但也難怪百姓會認為我吝惜了。」

孟子說：「沒關係，這正是出於仁心的表現，因為您只看到牛發抖，沒看到羊發抖。仁德的君子對於禽獸，看見牠活生生的樣子，便不忍心見到牠死；聽到牠的聲音，便不忍心吃牠的肉。所以仁德的君子總是遠離廚房。」

宣王很高興，說：「《詩經》上說：『別人的存心，我能推測出來。』說的正是夫子您了。我如此做了，但反問自己的內心，卻摸不透自己的存心是什麼。經夫子您這麼一說，真是深獲我心呀。您說這種存心合於王者保民之心，為什麼呢？」

孟子說：「有人向大王報告說：『我的力量能夠舉起三千斤，但沒法舉起一根羽毛；我的眼力能夠看到秋天鳥兒新生細毛的尖端，但看不見一車的柴火。』大王會相信嗎？」

宣王說：「不會。」

孟子說：「現在大王恩惠能夠施及禽獸，功德卻未推及百姓，這是為什麼呢？舉不起一根羽毛，是不拿出力氣來；看不見一車柴火，是不用眼睛看；百姓未受到保護，是不推行恩德。所以大王之所以不能王天下，只是不肯去做，並非做不到。」

文意解析

這次的話題，齊宣王想談的是霸業，孟子立刻堅決地表示，霸業從來就不是儒者的理想，他只會教導王道。這尖銳的對立，使對話的氣氛立刻陷入緊張。

怎麼知道齊宣王想談霸業呢？齊桓公和晉文公是春秋時代最成功的政治領袖，他們以「尊王攘夷」號召諸侯，形成同盟，成爲霸者。透過主持盟約，霸主成爲國際的領袖，也有保護小國的義務。但實際上，齊、晉、楚、吳、越各國先後稱霸，以武力脅持他國的態勢愈演愈烈，「盟誓不信」也成爲常態。到後來，霸主挾持並壓榨小國，甚至利用聯盟間的對抗來鞏固自己的地位。最後，霸業威信耗盡，再也無以爲繼。王室本來是天下的領袖，周所封建的諸侯都不敢用王號，只有蠻夷之邦楚、吳、越等逕自稱王。當「尊王」的霸業消逝之後，除了素來稱王的楚國之外，直到戰國中期，梁惠王才率先稱王，齊威王繼之，秦、韓、燕、趙、中山、宋隨後接續。但名號雖然改變，國際間仍靠著外交和軍事手段競爭，不脫霸業遺習。縱橫家張儀、公孫衍等風雲一時，合縱、連横紛紛擾擾，竟始終產生不了能夠主宰國際秩序的新霸主。齊宣王把齊桓公、晉文公當做偶像，但孟子洞悉霸業早已過時了，他要爲新時代的王者揭示眞正的王道。

聽到「王」，齊宣王立刻聯想到「德」，因爲當時人相信夏、商、周的王業都是以德服人。齊宣王先問王者之德的標準，再問自己能不能達到，當孟子肯定時他還要求證據，可見得他對自己的「德」嚴重欠缺信心。有趣的是，孟子彷彿早就洞悉了他的心理，眞的舉出證據，讓齊宣王相信自己的確夠格，有能力愛護人民。

孟子的證據是宣王一件引發衆人非議的怪事——有天，宣王看到一頭要去釁鐘的牛，心中不忍，命人用一頭羊來替換。百姓們普遍懷疑齊王的居心，認爲他只是小氣而已，否則，爲什麼他偏只同情那頭牛，而不同情羊呢？當孟子指出這點時，宣王也發現其中的矛盾，連他自己也想不透當初怎麼會做出這樣的決定。然而，孟子不但相信他確實發自眞心，還說出他這麼反應的原因——就是看見牛、沒看見羊罷了。這不是吝嗇，也並非偏愛，而是人心本然如此。猶如讓爲政、行禮的君子，遠離宰殺牲畜、準備食物和祭品的庖廚，正是同一原理的運用。誰沒有惻隱之心呢？秉持惻隱之心，就能保民。所以，要不要成爲王者，只看爲與不爲而已。這是第一大段對話的結論。

(1)齊宣王一時興起以羊易牛，遭到人民訕笑，孟子卻說那是仁心的展現，你的看法如何？類似「見牛未見羊」的情況，是「選擇性的同情」嗎？在生活中，你曾有類似的經驗或觀察嗎？你的感想怎樣？

(2)以前常有人拿「君子遠庖廚」做為男人（「君子」）不應下廚的理由，你認為恰不恰當？理由何在？

第二節　仁政的力量

選文與註釋

（續前節）

（齊宣王）曰：「不爲者與不能者之形①何以異？」

（孟子對）曰：「挾太山以超北海②，語③人曰：『我不能。』是誠不能也。爲長者折枝④，語人曰：『我不能。』是不爲也，非不能也。故王之不王，非挾太山以超北海之類也；王之不王，是折枝之類也。老吾老⑤以及人之老，幼吾幼⑥以及人之幼，天下可運於掌⑦。《詩》云：『刑于寡妻，至于兄弟，以御于家邦⑧。』言舉斯心加諸彼⑨而已。故推恩足以保四海⑩，不推恩無以保妻子。古之人所以大過人者無他焉，善推其所爲⑪而已矣。今恩足以及禽獸，而功不至於百姓者，獨何與？權⑫，然後知輕重；度⑬，然後知長短。物皆然，心爲甚。王請度之！抑⑭王興甲兵，危士臣⑮，構怨⑯於諸侯，然後快於心與？」

王曰：「否。吾何快於是？將以求吾所大欲⑰也。」

曰：「王之所大欲可得聞與？」王笑而不言。

曰：「爲肥甘⑱不足於口與？輕煖⑲不足於體與？抑爲采色不足視於目與？聲音不足聽於耳與？便嬖⑳不足使令於前與？王之諸臣皆足以供之，而王豈爲是哉？」

曰：「否。吾不爲是也。」

曰：「然則王之所大欲可知已。欲辟土地㉑，朝秦楚㉒，莅中國而撫四夷㉓也。以若㉔所爲求若所欲，猶緣木㉕而求魚也。」

王曰：「若是其甚與？」

曰：「殆有甚焉㉖。緣木求魚，雖不得魚，無後災。以若所爲，求若所欲，盡心力而爲之，後必有災。」

曰：「可得聞與？」

曰：「鄒人與楚人㉗戰，則王以爲孰勝？」

曰：「楚人勝。」

曰：「然則小固不可以敵大，寡固不可以敵眾，弱固不可以敵彊。海內之地方千里者九，齊集有㉘其一。以一服八，何以異於鄒敵楚哉？蓋㉙亦反其本矣。今王發政施仁㉚，使天下仕者皆欲立於王之朝，耕者皆欲耕於王之野，商賈皆欲藏㉛於王之市，行旅㉜皆欲出於王之塗㉝，天下之欲疾㉞其君者皆欲赴愬㉟於王。其若是，孰能禦之？」

①**形**：情狀。

②**挾太山以超北海**：太山即泰山，在齊國南方。北海，指今渤海，在齊國北方。超，一躍而過。

③**語**：告訴。

④**為長者折枝**：爲長者折木條，大約是用來做手杖助行。

⑤**老吾老**：敬愛、侍奉自家的父兄老者。

⑥**幼吾幼**：慈愛、照顧自家的子弟幼少。

⑦**運於掌**：在掌上轉動，形容輕而易舉。

⑧**刑于寡妻，至於兄弟，以御于家邦**：《詩經．大雅．思齊》的詩句，是說文王以身作則，從妻子、族人到臣民都效仿他。刑，通「型」，指做楷模。寡妻，國君嫡妻。兄弟，指同族。以，而，進而。御，領導。文王修身做妻子的楷模，擴及所有族人，進而引領著全國人民共同向善。

⑨**舉斯心加諸彼**：斯心，此心，指對親人敬老慈幼的愛心。諸，之於。彼，指他人的老幼。

⑩**推恩足以保四海**：推展實踐對人的關愛，足以保護四海之民。

⑪**善推其所為**：好好地擴充自己所做的事。

⑫**權**：稱重的砝碼，此處作動詞用，指稱量重量。

⑬**度**：度，音「墮」，丈量。

⑭**抑**：難道。

⑮**士臣**：軍人。

⑯**構怨**：結仇。

⑰**欲**：動詞，追求。

⑱**肥甘**：肥，滋潤；甘，甜美。用指美食。

⑲**輕煖**：煖，同「暖」。又輕又暖的衣服。

⑳**便嬖**：音「駢必」，乖巧諂媚，在此指善於奉承的近臣。

㉑**辟土地**：辟，音「僻」，同「闢」。開闢疆土。

㉒**朝秦楚**：使秦、楚前來朝見。

㉓**莅中國而撫四夷**：莅，音「立」，同「涖」，臨，此指君臨。撫，安撫。中國、四夷，分指華夏和四方蠻夷。

㉔**若**：代名詞，這樣。

㉕**緣木**：攀爬樹木。

㉖**殆有甚焉**：有，音「右」，通「又」。恐怕還更嚴重。

㉗**鄒人、楚人**：分指鄒國和楚國的軍隊。鄒是介於魯國和楚國間的附庸小國。

㉘**集有**：據有。

㉙**蓋**：音「合」，通「盍」，何不。

㉚**發政施仁**：頒布政令，施行愛民的政策。

㉛**藏**：貯存財貨。
㉜**行旅**：旅客，在古代主要指外交使節和貿易商人。
㉝**出於王之塗**：出，取道、經由。塗，通「途」。
㉞**疾**：憎恨。
㉟**赴愬**：赴，往。愬，音「素」，同「訴」。前來告訴。

【語譯】宣王說：「不肯做和做不到的情狀，有什麼不同？」孟子說：「假如要您挾著泰山而躍過北海，您告訴別人說：『我做不到。』這是真的做不到。可是要您替年長者折木條，您告訴別人說：『我做不到。』這是不肯去做，並非做不到。所以大王未能稱王於天下，並不是挾著泰山而躍過北海之類的情況；大王未能稱王於天下，是替年長者折木條之類的情況。先敬愛自家的父兄老者，並推及於別人的父兄老者；先慈愛自家的子弟幼少，並推及於別人的子弟幼少。整個天下便能隨您支配了。《詩經》上說：『文王先修身做嫡妻的楷模，擴而及於兄弟族人，進而引領著全國人民共同向善。』這是說只需將對親人尊敬慈愛的心加之於別人的身上罷了。所以推展實踐對人的關愛，足以保護四海之民，不推展實踐對人的關愛，就連自己妻兒也無法保全。古代的聖王之能夠遠遠超越一般人的原因，沒別的，只是善於將自己的所為推廣罷了。現在大王的恩惠能夠施及禽獸，而功德卻未能推及百姓，這是為什麼呢？用秤稱一稱，然後才知道何者輕何者重；用尺量一量，然後才知道何者長何者短。所有東西都是如此，人心更是如此。請大王度量一下自己的本心吧！難道大王想大舉發兵，讓戰士臣民冒險，和諸侯結怨，然後心中才會覺得暢快？」

宣王說：「不。我怎會以此為暢快呢？我只是想以此追求我最大的願望。」

孟子說：「大王最大的願望可以說給我聽嗎？」宣王笑而不答。

孟子說：「是肥美甘甜的食物不能滿足您的口舌嗎？是材質輕而溫暖的衣服不夠您穿嗎？還是絢麗的色彩不能滿足眼睛呢？美妙的音樂不能滿足耳朵呢？善於奉承的近臣不夠您使喚呢？這些東西大王的眾臣都能夠供應，大王難道真是為了這些嗎？」

宣王說：「不。我不是為了這些。」

孟子說：「那麼大王最大的願望我知道了。大王想開闢疆土，讓秦國、楚國前來朝見，君臨中國而安撫四夷。但以這樣的作為，去追求這樣的願望，就好像爬到樹上去找魚一般。」

宣王說：「如此嚴重嗎？」

孟子說：「恐怕更加嚴重。爬到樹上去找魚，雖然找不到魚，還沒有後患。以這樣的作為，去追求這樣的願望，用盡心思力量去做這件事，將來一定會發生災難。」

宣王說：「能說給我聽一聽嗎？」

孟子說：「鄒人和楚人作戰，大王認為誰能獲勝？」

宣王說：「楚人獲勝。」

孟子說：「既然如此，可見小國無法戰勝大國，人數少的無法戰勝人數多的，勢力弱的無法戰勝勢力強的。四海之內的土地，面積千里的有九個，齊國據有其中之一。想以一征服八，和鄒人想對抗楚人有什麼不同呢？為何不回歸王道的根本呢？現在大王如果發布政令，施行仁政，使天下作官的人都想站在大王的朝廷上，農夫都想耕種於大王的田野中，商販都想在大王的市集裏貯存財貨，旅客都想走在大王的道路上，天下憎恨其君主的人都想向大王訴苦。四方人民如此歸服，誰能抵擋得了您呢？」

文意解析

這一節談話的重點，是討論惻隱之心所蘊含的力量。

孟子對於宣王的心理剖析，令宣王心有戚戚而恍然大悟。孟子告訴他，憑著這樣的力量，就足以成為王者，只可惜，他不是不能做，但卻不去做。宣王追問「不為」和「不能」的差別，顯然還是覺得自己做不到。孟子拿鮮明的對比告訴他，「不能」和「不為」是判若雲泥的兩回事。每個人對親人都有愛心，將心比心，就會懂得關愛別人的親人，但憑這點，就能讓我們改變世界。齊宣王連對禽獸都有愛，他的愛心只要發揮，自然足以保護天下之人。周人的詩篇說，文王對人的關愛感染了他的妻子、兄弟，影響了整個國家。可大可久的卓越事業，回歸本質，不過就是推擴實踐本有的愛人之心而已。宣王拯救一頭牛那樣的柔軟的心，為什麼不能用於關愛百姓呢？孟子接著反問，難道引發戰爭、犧牲戰士的生命，宣王竟會感到愉悅？

宣王說，絕非如此。他承認自己懷有大志，為了想君臨天下，所以發動戰爭。孟子沒有譴責這樣的野心，只是指出，他的作法不僅緣木求魚，甚至適得其反。

孟子提出另一套王道的策略：關鍵是贏得民心。推行照顧人民的仁政，為士、農、商、旅人做好善意的規劃，可以贏得天下人民的愛戴，接著就能水到渠成，成為天下的領袖。看似迂迴的策略，才是最強大、最可靠的根本之道。

孟子無疑是理想主義者，但他並不否定宣王的欲望和政治的現實。在他看來，政治家的野心並不可怕，只要能回歸人心的根本價值，落實對人的關懷，照顧好人民，偉大的功業成就也會跟著水到渠成。

相關章句

齊人伐燕，勝之①。宣王問曰：「或謂寡人勿取，或謂寡人取之。以萬乘之國伐萬乘之國，五旬而舉之②，人力不至於此。不取必有天殃。取之何如？」

孟子對曰：「取之而燕民悅，則取之。古之人有行之者，武王是也。取之而燕民不悅，則勿取。古之人有行之者，文王是也。以萬乘之國伐萬乘之國，簞食壺漿③，以迎王師。豈有他哉？避水火④也。如水益深，如火益熱⑤，亦運⑥而已矣。」（〈梁惠王下〉十）

①**齊人伐燕，勝之**：據《史記．燕召公世家》，燕王噲（音「快」）一心效法禪讓政

治，卻識人不明，竟讓位給懷抱野心的相國子之，導致國家大亂，人民惶恐不安。齊宣王出兵安定燕國，大獲歡迎，燕國士卒不戰，城門不閉，燕君噲和子之皆死，齊人大勝。但齊軍的暴行引發燕人激烈反抗，後來燕太子即位，即燕昭王，領導抗齊。

②**五旬而舉之**：一旬十日。舉，占領。

③**簞食壺漿**：簞，盛食物的盒子。食，音「似」，食物。漿，飲料。形容燕人歡迎前來拯救自己的齊軍，紛紛拿著飲食來慰勞。

④**避水火**：逃避猶如水患、火災般的人禍。

⑤**如水益深，如火益熱**：如，如果。兩句是說陷入更加痛苦的處境。

⑥**運**：轉移，指人心轉向，反而唾棄齊國。

【語譯】齊國攻打燕國，齊國大勝。齊宣王問孟子說：「有人勸我不要吞併燕國土地，有人勸我吞併燕國土地。以擁有萬乘兵車的齊國，去攻伐同樣擁有萬乘兵車的燕國，五十天就占領了，單憑人力是不可能的，如果吞併燕國是天意，不取必有災殃。乾脆吞併它好嗎？」

孟子對他說：「如果您吞併燕國，燕國人民喜悅快樂，那麼您就吞併它，古代有人這麼做，就是武王伐紂。如果您吞併燕國，燕國人民不喜悅快樂，那麼您就不要吞

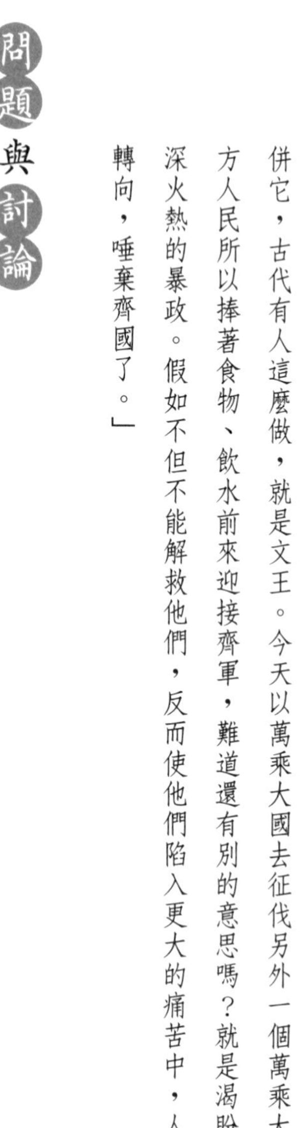

併它，古代有人這麼做，就是文王。今天以萬乘大國去征伐另外一個萬乘大國，對方人民所以捧著食物、飲水前來迎接齊軍，難道還有別的意思嗎？就是渴盼逃離水深火熱的暴政。假如不但不能解救他們，反而使他們陷入更大的痛苦中，人心就會轉向，唾棄齊國了。」

問題與討論

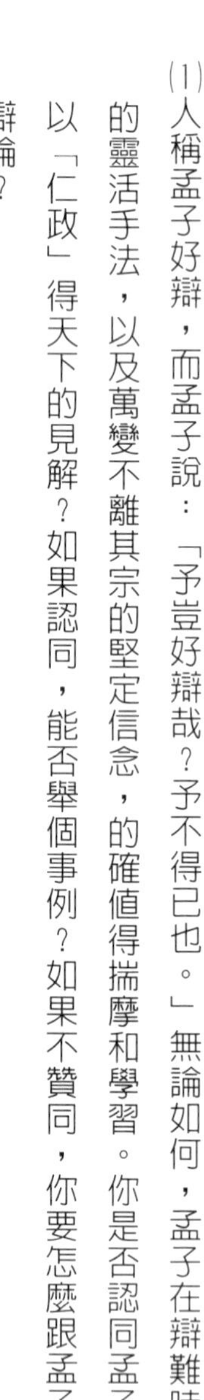

(1) 人稱孟子好辯，而孟子說：「予豈好辯哉？予不得已也。」無論如何，孟子在辯難時的靈活手法，以及萬變不離其宗的堅定信念，的確值得揣摩和學習。你是否認同孟子以「仁政」得天下的見解？如果認同，能否舉個事例？如果不贊同，你要怎麼跟孟子辯論？

(2) 現今每個國家都以自身利益為優先，政府如此，民意亦然。於是，國際間有些弱勢的族群往往陷入極艱難的困境，而且缺少支持的力量。請上聯合國網站「青少年天地」，瞭解聯合國的相關作為，並思考還有什麼方法，可以有效地幫助他們。

(3) 孟子強調人心自然歸附於仁政，甚至可能主動大開城門迎接王者之師。當國家無法維護人民基本的生活條件時，你認為人民應該繼續忠於國家，還是另尋他國的庇護？為什麼？

第三節　仁政的藍圖

選文與註釋

（續前節）

王曰：「吾惛①，不能進於是②矣。願夫子輔吾志③，明以教我。我雖不敏，請嘗試之。」

曰：「無恆產而有恆心④者，惟士為能。若民，則無恆產，因⑤無恆心。苟無恆心，放辟邪侈⑥，無不為已⑦。及陷於罪，然後從而刑之，是罔⑧民也。焉有仁人在位，罔民而可為也？是故明君制民之產⑨，必使仰足以事父母，俯足以畜⑩妻子，樂歲終身飽，凶年免於死亡。然後驅而之善⑪，故民之從之也輕⑫。今也制民之產，仰不足以事父母，俯不足以畜妻子，樂歲終身苦，凶年不免於死亡。此惟救死而恐不贍⑬，奚暇治禮義哉⑭？王欲行之，則盍反其本矣。五畝之宅，樹之以桑⑮，五十者可以衣帛⑯矣；雞豚狗彘之畜⑰，無失其時⑱，七十者可以食肉⑲矣；百畝之田，勿奪其時⑳，八口之家㉑可以無飢矣；謹庠序㉒之教，申㉓之以孝悌之義，頒白㉔者不負戴㉕於道路矣。老者衣帛食肉，黎民不飢不寒，然㉖而不王者，未之有也。」（〈梁惠王上〉七）

①**惛**：音「婚」，通「昏」，心思昏亂。

②**不能進於是**：是，此，指行仁政之事。指自己力有未逮。

③**輔吾志**：助我達成心願。

④**恆產**、**恆心**：恆產，指穩定的產業、工作。恆心，指保有不變的本心善意。

⑤**因**：隨之。

⑥**放辟邪侈**：放縱乖僻，違法亂紀。

⑦**已**：語末助詞，表完結語氣。

⑧**罔**：同「網」，動詞，陷害。

⑨**制民之產**：規劃好人民足以維生的產業。

⑩**畜**：音「旭」，養活。

⑪**驅而之善**：驅，使；之，動詞，往。教人們走向善道。
⑫**輕**：容易。
⑬**贍**：足。
⑭**奚暇治禮義哉**：哪有時間從事禮義呢？
⑮**五畝之宅，樹之以桑**：有五畝地做宅院，屋旁種上桑樹。宅旁種桑方便養蠶。
⑯**五十者可以衣帛**：五十，指年齡，下文「七十」同。衣，音「易」，動詞。帛，絲織品，特別輕暖。
⑰**雞豚狗彘之畜**：豚，幼豬；彘，音「至」，大豬。雞、豚、狗、彘都是古人食用的家畜。畜，音「旭」，飼養。
⑱**無失其時**：不要干擾家畜生育繁殖的時間。
⑲**七十者可以食肉**：老人吸收營養較困難，經常食肉是照顧和禮遇。
⑳**時**：農時，如春耕、夏耘、秋收之類。
㉑**八口之家**：古代夫婦兩口成爲一戶，八口之家表示家中人口較多。
㉒**庠序**：地方的學校。
㉓**申**：講明。

㉔**頒白**：即「斑白」，頭髮花白。

㉕**負戴**：負，用肩背東西；戴，用頭頂東西。

㉖**然**：如此。

【語譯】宣王說：「我心志昏亂，不能夠達到這種仁政的境界。希望夫子您助我達成心願，明白的教導我。我雖然不聰敏，願意試試看。」

孟子說：「沒有穩定的產業、工作，卻能保有不變的本心善意，只有士人做得到。如果是老百姓，沒有穩定的產業、工作，便不會常有向善的心。一旦沒有向善的心，那種種放縱乖僻、違法亂紀的事，沒有做不出來的。等到犯了罪，才施以刑罰，這是以法網來陷民於罪。哪有仁君在位，而能做出陷民於罪的事呢？所以英明的國君要為百姓規劃好足以維生的產業，一定要讓人民上可以事奉父母，下可以供養妻兒，豐收的年頭都能吃飽，饑荒的年頭可以免於死亡。之後才驅使人民向善，人民便容易聽從教化。如今呀，規劃的產業，人民上不足以事奉父母，下不足以供養妻兒，豐年經常受苦，荒年無法免於死亡。這種狀況人民只求避免一死，還恐來不及，哪有餘暇講究禮義呢？大王想要施行仁政，為何不回歸王道的根本呢？每戶農家有五畝地做宅院，屋旁種上桑樹，方便養蠶，五十歲以上的人便可以穿絲帛的衣服了；老百姓家中豢養雞隻豬狗，不要干擾家畜生育繁殖的時間，七十歲以上的人便可以吃肉食了；百畝大的田地，不要以徭役妨害種植的時機，八口人的家庭便不會挨餓了；謹慎辦理學校教育，強調孝順父母、敬重兄長，頭髮斑白的老人便不必在路上搬運物品了。老人穿著絲帛的衣服又有肉食可吃，青壯年不挨餓受凍，如此而無法稱王於天下，那是從來沒有的事。」

文意解析

齊宣王請孟子指導如何行仁政，於是孟子說出了仁政的藍圖。這份藍圖包括民生和教化兩大主軸。

孟子說，士與民不同。士人崇尚志節，即使流離顛沛，也能不改其志，一心向善。一般人民則必須先有了足以維生的經濟基礎，才能安心爲善。所以，爲政首先要爲人民規劃不被剝奪的恆產，滿足人民基本的生活需求，才能建立社會秩序。那是政府無可推卸的責任。如果政府讓人民得不到溫飽，只管對作奸犯科的人治罪，根本是在陷害人民，仁者不會容忍這種事情。

只要民生有了基礎，人性本有的善很容易萌芽。再加上教育的配合，給予倫理和情意的教導，社會風氣自然敦厚善良。孟子在這裏提出了中國古代最早的普設學校的主張。有了人倫教育，人間處處溫馨，社會自然會有眞正的凝聚力。

所以，什麼是王道？就是建設一個人人願意在這裏生活的理想社會，也就是實現民之所欲的社會。人人莫不嚮往，就是成就王道政治、進而安定天下的關鍵所在。

歸根結柢，王道就是發揮自己的不忍之心，施行仁政來感召人心。可以說，這就是孟子政治理念的核心價值。

相關章句

梁惠王曰：「寡人之於國也，盡心焉耳矣。河內凶，則移其民於河東，移其粟於河內①。河東凶亦然。察鄰國之政，無如寡人之用心者。鄰國之民不加少，寡人之民不加多，何也？」

孟子對曰：「王好戰，請以戰喻。塡然②鼓之，兵刃既接，棄甲曳兵而走③，或百步而後止，或五十步而後止。以五十步笑百步，則何如？」

曰：「不可，直④不百步耳，是亦走也。」

曰：「王如知此，則無望民之多於鄰國也。不違農時，穀不可勝食也；數罟不入洿池⑤，魚鱉不可勝食也；斧斤以時入山林，材木不可勝用也。穀與魚鱉不可勝食，材木不可勝用，是使民養生喪死無憾也。養生喪死無憾，王道之始也。五畝之宅，樹之以桑，五十者可以衣帛矣；雞豚狗彘之畜，無失其時，七十者可以食肉矣；百畝之田，勿奪其時，數口之家可以無飢矣；謹庠序之教，申之以孝悌之義，頒白者不負戴於道路矣。七十者衣帛食肉，黎民不飢不寒，然而不王者，未之有也。狗彘食人食而不知檢⑥，塗有餓莩而不知發⑦；人死，則曰：『非我也，歲⑧也。』是何異於刺人而殺之，曰：『非我也，兵⑨也。』王無罪歲⑩，斯天下之民至焉。」（〈梁惠王上〉三）

①**河內凶，則移其民於河東，移其粟於河內**：魏國領土在今山西、河南境內，跨越黃河兩岸，黃河流向東北方，在河道西北方的地區三面環黃河，故稱河內；另一邊則稱河東。凶：凶年，指農作沒有收成。

②**填然**：形容鼓聲。

③**棄甲曳兵而走**：走，跑。拋棄盔甲、拖著兵器毫不抵抗地逃跑。

④**直**：但、只。

⑤**數罟不入洿池**：數，音「促」，細密。罟，音「古」，漁網。洿，音「屋」，水塘。細網不准在池塘捕魚，讓小魚得以長大。

⑥**狗彘食人食而不知檢**：檢，節制。意思是豐年時政府應積極存糧，避免浪費，以備不時之需。活人的食物來飼養狗豬等家畜，而不知節制。

⑦**發**：開倉廩，發放穀物。

⑧**歲**：收成。

⑨**兵**：武器。

⑩**無罪歲**：不要歸罪於年頭不好，意味著應該自己負起政治責任。

【語譯】梁惠王說：「寡人對於國家，可說盡心盡力了。譬如河內發生饑荒，我便將人民遷移到河東，將河東的米糧運送到河內；如果河東發生饑荒，我也是照樣處理。觀察鄰國的施政，沒有像寡人這麼用心的。但鄰國的人民並未更少，寡人的人民並未更多，為什麼呢？」

孟子回答說：「大王喜歡戰爭，請讓我用戰爭作比喻。當您戰鼓鼕鼕響起，揮兵進攻，兵器一相接，士兵便拋棄盔甲、拖著兵器毫不抵抗地逃跑。有的士兵逃了一百步之後停止，有的士兵逃了五十步之後停止，逃五十步的人便譏笑逃一百步的人膽小，大王您認為如何？」

梁惠王說：「不應該。這些兵士只是逃不到一百步罷了，那也是逃走啊。」

孟子說：「大王如果知道這個道理，那便不能期望人民比鄰國多了，你們都一樣啊。如果政府不妨害農作的時程，穀物便吃不完；細網不准在池塘捕魚，讓小魚得以長大，魚鱉便吃不完；在適當的季節開放人民拿著柴刀進入山林砍伐，讓林木得以生長，薪材木料便用不完。穀物和魚鱉吃不完，薪材木料用不完，這便能使人民養育生者、安葬死者，而沒有遺憾了。人民養育生者、安葬死者而沒有遺憾，這便是王道的開始。一般家庭擁有五畝大的宅院，空地種植桑樹，五十歲以上的人便可以穿絲帛的衣服了；一般人家雞隻豬狗的豢養，不錯失繁殖的機會，七十歲以上的人便可以吃肉食了；百畝大的田壟，不要妨害種植的時機，擁有幾口人的家庭便不會挨餓了；重視學校的教育，反覆叮嚀孝順父母、敬重兄長，頭髮斑白的老人便不必在路上搬運物品了。七十歲以上的人穿著絲帛的衣服又有肉食可吃，青壯年不挨餓受凍，如此而無法稱王於天下，那是不會有的。如果拿養活人的食物來飼養狗、豬等家畜，而不知節制；路上有餓死的人，卻不懂得開倉廩，發放穀物；人死了，就說：『不是我造成的，是年歲收成不好。』這和用刀殺人，卻說：『不是我造成的，是這把刀。』沒有什麼不同呢？大王不要怪罪年歲收成不好，這樣天下的人便會來投靠了。」

問題與討論

(1)一個成功的領導者，需要具備哪些特質或能力？你認為「道德」與「仁心」是否必要？為什麼？

(2)在孟子仁政的藍圖，施政重點有怎樣的先後順序？孟子說「民無恆產，因無恆心」，這跟性善論是否不一致？

(3)根據孟子的仁政藍圖，我們國家哪些地方符合王道？哪些地方不符合？若要達成國泰民安的和平，最大的障礙是什麼？該怎樣克服？放眼於整個世界，你對世界的和平、人類的生存和福祉，有什麼看法？

第九單元

王道的開展

前言

在政治失序的時代，孟子提出了王道。落實「不忍人之心」的仁政是王道的核心精神，但王道還有更豐富的含義。這裏將介紹三項重要的政治原則：「民貴君輕」、「君臣之義」和「王霸之辨」。它們是傳統政治理論的精髓，而且具有穿越時空的啓發性。

第一節「民貴君輕」，以責任政治爲主軸。古代中國雖然沒有民主制度，但是強調政治責任，而且認爲國家的興亡繫於民心之向背。孟子對這一點做了最清晰的宣示。

第二節「君臣之義」，從爲政者的責任，延伸到君臣上下彼此之間的政治倫理。政治的理想是要促進群體爲善，爲了達成目標，好的政治家絕不可有權力的傲慢，他必須向賢者虛心請益，服從社會倫理，尊重百官職權。臣屬也不可以迎合君主，他們負有教導君主的義務。

第三節「王霸之辨」，是對理想政治的理論探討。「王」是指三代王業，爲衆望所歸的德治。「霸」本指春秋五霸由大國領導諸侯的作法，也指以王者之名來遂行其權力野心的政治。孟子認爲，無論是國內政治或國際關係，解決衝突的手段有王、霸之別。在爲政者的心態和人民的感受等方面，兩者也都不同。令人心悅誠服的，唯有王道。

不論仁政的理想、政治的責任、權力的節制和「王」與「霸」的分別，都是批判暴政的有力武器。這雖不完全等同於近代的民主理論，但若要締造優良的政治，任何時代都不能忽略其中的道理。

第一節　民貴君輕

選文與註釋

(1)孟子謂齊宣王曰：「王之臣有託其妻子於其友，而之楚遊者。比其反①也，則凍餒其妻子，則如之何②？」

王曰：「棄之③。」

曰：「士師④不能治士⑤，則如之何？」

王曰：「已之⑥。」

曰：「四境之內不治，則如之何？」

王顧⑦左右而言他。（〈梁惠王下〉六）

①**比其反**：比，音「必」，及，等到。反，同「返」，回家。

②**如之何**：對他怎麼辦？

③**棄之**：與朋友絕交。

④**士師**：獄官，即司法官員。

⑤**士**：通「事」，此指獄訟之事。

⑥**已之**：將他免職。

⑦**顧**：轉頭看。

【語譯】孟子對齊宣王說：「如果大王您有一個臣子，把妻子兒女託付給他的朋友照顧，自己出遊楚國了。等他回來的時候，他的妻子兒女卻在挨餓受凍。這樣的朋友該怎麼處理呢？」

齊宣王說：「和他絕交！」

孟子說：「如果您的司法官無法處理獄訟之事，那該怎麼辦呢？」

齊宣王說：「撤他的職！」

孟子又說：「如果一個國家治理不好，那又該怎麼辦呢？」

齊宣王左右張望，把話題岔開了。

(2)**孟子曰：「民爲貴，社稷次之①，君爲輕。是故得乎丘民②而爲天子，得乎天子爲諸侯，得乎諸侯爲大夫。諸侯危社稷，則變置③。犧牲既成，粢盛④既潔，祭祀以時，然而旱乾水溢，則變置社稷。」（〈盡心下〉十四）**

①**社稷次之**：社，土神；稷，穀神。古代立國，必設壇祭祀社稷，社稷是國家的象徵。社稷的存亡改換，重要性次於人民。

②**得乎丘民**：得到人民支持。古代平原上聚落多在小丘，以避水患，丘民即指人民。

③**變置**：改立其他君主。

④**粢盛**：音「資誠」，穀物類的祭品。古代祭祀時，將黍、稷、稻、粱等穀物蒸熟後盛放在祭器裏，名叫粢盛。

【語譯】孟子說：「百姓是最重要的，其次是代表國家的土神和穀神，國君最不重要。因此，得到百姓的支持就可以當天子，得到天子支持的就可以當諸侯，得到諸侯支持的就可以當大夫。諸侯危害社稷國家時，便改立諸侯。祭祀的牛羊養得壯大肥美，供奉的米糧很精美潔淨，並且按照節令祭祀，但仍然發生乾旱和水災，便另立土神和穀神。」

(3)孟子曰：「今之事君者曰：『我能爲君辟①土地，充府庫②。』今之所謂良臣，古之所謂民賊③也。君不鄉④道，不志於仁，而求富之，是富桀⑤也。『我能爲君約與國⑥，戰必克。』今之所謂良臣，古之所謂民賊也。君不鄉道，不志於仁，而求爲之強戰，是輔桀也。由今之道，無變今之俗⑦，雖與之天下，不能一朝居⑧也。」（〈告子下〉九）

①**辟**：音「僻」，同「闢」，開闢。

②**充府庫**：充，裝滿。府庫，儲存財物的處所。

③**民賊**：賊，傷害。危害百姓的人。

④**鄉**：音「向」，同「嚮」，嚮往追求。

⑤**桀**：夏桀，在此比喻暴君。

⑥**約與國**：約，結盟。與國，盟國。
⑦**由今之道，無變今之俗**：依照今日爲政之道，不改變今人的風氣。
⑧**一朝**：朝，音「招」。一朝猶一日，比喻時間短暫。

【語譯】孟子說：「現在一般事奉國君的臣子都說：『我能為國君開闢土地，充實府庫的金銀珠寶。』現在所謂的良臣，卻是古代所謂危害百姓的人呢！他的國君不心向正道，不以仁愛存心，還為他聚斂致富，等於替夏桀謀富足啊。或者說：『我能為國君結合盟國，打起仗來一定勝利。』現在所謂的良臣，卻是古代所謂危害百姓的人呢！君不心向正道，以仁愛存心，而還為他奮力作戰，是等於輔助夏桀啊！依照現在為政之道，不改變現在的人心風氣，即使把天下給他，他也不能平平安安地過一天呢！」

文意解析

本節的三則選文，闡述的是同一種政治觀念：政治只應以照顧人民爲基本價值。

第一則選文展現了孟子犀利的論辯風格。他從辜負朋友囑託、追究官吏失職的例子，忽然追問國家治理無方該由誰負責、怎麼負責？照著前面的邏輯，當然是要求國君去職才對！無怪乎齊宣王無法接話，要裝作沒聽到了。其實，政治的道理，與一般的人情事理並無不同。瞭解這一點，才能冷靜看待權力和責任之間的關係。

第二則選文的「民貴君輕」說，是孟子旗幟鮮明的政治主張。所謂「民爲貴，社稷次之，君爲輕」，即是說人民優先，社稷第二，而君主相對最不重要。爲什麼呢？孟子指出兩點：第一，從權力來源來看，天子的地位是來自人民的支持，諸侯建國是由於天子的分封，而後再由諸侯任命大夫，那麼，人民當然優先於國君。第二，從事實來看，國君危害國家時，往往遭到撤換（這是周代歷史常見的事）；當天災頻仍，顯示社稷庇佑不了人民的時候，人民只得改換社稷，遷移國都。但社稷其實不只是祭祀的地方，也是古代國家政權的象徵。所以，孟子藉此暗喻：人民有權選擇國家。以現代的政治語言來說，孟子指出人民的生存乃是一切政治權力得以存在的前提，失職的政府或政治人物不配享有政權，而人民則擁有選擇政權的權利。現代有些學者認爲這可能是民主制度的核心精神。也有學者認爲，孟子的主張涵蓋了「民有」、「民享」的精神，但他並未主張「民治」，而「民治」才是民主制度的關鍵特質。這些討論見仁見智，不過無論如何，「民貴君輕」說對任何漠視人民生存權益的政治，包括劣質的民主政治在內，都是有力的批判武器。

第三則選文，孟子一再地說：「今之所謂良臣，古之所謂民賊也。」對那些藉由傷害人民來建立個人功績的官吏施予嚴厲的譴責。政治永不該背離人民，一旦背離了對人民的關懷，任何所謂的政治成就其實都是罪惡。

在歷史上，戰國時代始終沒有出現「不嗜殺人」的君主，無法驗證孟子所說的「王道」能否眞的統一天下。最終，以殘暴著稱的秦國征服了六國，轉瞬間就亡於中國歷史上第一次的平民革命，淪爲最短暫的統一王朝。正所謂「由今之道，無變今之俗，雖與之天下，不能一朝居也。」孟子對民心向背的信念，在當時也許少有知音，但確屬洞見，並非空談。

相關章句

孟子見梁襄王①。出，語人曰：「望之不似人君②，就之而不見所畏③焉。卒④然問曰：『天下惡乎定⑤？』吾對曰：『定于一⑥。』『孰能一之？』對曰：『不嗜殺人者能一之。』『孰能與⑦之？』對曰：『天下莫不與也。王知夫⑧苗乎？七八月之間旱，則苗槁矣。天油然⑨作雲，沛然下雨，則苗浡然⑩興之矣。其如是，孰能禦之？今夫天下之人牧⑪，未有不嗜殺人者也，如有不嗜殺人者，則天下之民皆引領而望之⑫矣。誠如是也，民歸之，由⑬水之就下，沛然誰能禦之？』」（〈梁惠王上〉六）

①**梁襄王**：魏惠王之子，名赫。
②**望之不似人君**：望，遠觀。之，指襄王。不似人君，不像國君的樣子。
③**就之而不見所畏**：就，接近。不見所畏，看不出值得尊敬的地方。
④**卒**：音「促」，同「猝」。
⑤**惡乎定**：惡，音「屋」，疑問詞。如何能安定？
⑥**定于一**：一，合一，統一。列國並立，戰爭不止，孟子認爲只有合併爲一，才能使天下安定。
⑦**與**：支持、追隨。
⑧**夫**：音「服」，語氣詞。
⑨**油然**：雲層興起的樣子。
⑩**浡然**：浡，音「柏」。茁長的樣子。
⑪**人牧**：人民的管理者，指君主。
⑫**引領而望之**：引領，伸長脖子。望，盼望。
⑬**由**：通「猶」。

【語譯】孟子去見了梁襄王，出來以後告訴旁人說：「遠遠望見他，毫無威儀，不像個國君的樣子；走近了，也看不出有什麼值得尊敬的地方。他一見到我，開口就問：『天下要怎樣才能安定？』我答道：『只有天下一統，才能使天下安定。』他又問：『誰能夠統一天下。』我答道：『不喜歡殺人的國君，就能夠統一天下。』他又問：『誰會來追隨他呢？』我答道：『天下的人沒有不來追隨他的。王可知道那稻苗嗎？如果在炎夏的七、八月間，天久旱不下雨，那苗就要枯萎了；一旦天上烏雲聚集，下起滂沱大雨，那稻苗立即就會欣欣向榮。像這般能解救民困，誰能阻擋得住人民追隨他，一如迎接「久旱之甘霖」？天下的民眾必定前來歸附的。如今，天下的國君，爭城奪地，沒有一個不喜歡殺人的；如果有一位能夠施行仁政，不喜歡殺人的國君，那麼天下的人民，全都要伸長了脖子，期待他的統治了。真能這樣，人民的歸附，就如水往低處流，誰能阻擋得住呢？』」

⑴「民為貴，社稷次之，君為輕」，這是孟子對古代政體所訂下的優先順位。在現代民主政體裏，有人民，有國家，有憲法，有政府和元首、國會和法院。你認為它們的優先順序應當如何？請說明理由。

⑵孟子強調國家、君主和從政官員對人民負有責任，但似乎不強調臣民對自己國家應有特別的認同和效忠，你認為他的想法是什麼？你的看法又如何？

⑶孟子認為「良臣」應該以人民為重，不應迎合君主的意志或私利。民主政治下，服從民意是否就是「民為貴」（以人民為尊）的表現？如果未必然，問題又出在哪裏？請想想，現代理想公僕的準則該是什麼？

第二節　君臣之義

選文與註釋

(1)孟子告齊宣王曰：「君之視臣如手足，則臣視君如腹心；君之視臣如犬馬①，則臣視君如國人②；君之視臣如土芥③，則臣視君如寇讎④。」（〈離婁下〉三）

①**犬馬**：犬可警戒、捕獵，馬可騎乘，都是受豢養的工具。

②**國人**：一國之人爲數很多，雖有共同的歸屬，但彼此沒有特殊情感。猶如今天所謂路人。

③**土芥**：土塊和小草，比喻不足珍惜、可以任意踐踏的東西。

④**寇讎**：寇，強盜。讎，同「仇」。

【語譯】孟子告訴齊宣王說：「國君把臣子看成兄弟一般來對待，臣子便會把國君看成自己的心腹一般重要；國君把臣子看成狗馬一般，臣子便會把國君看成陌生的路人一般；國君把臣子看成如土如草一般隨意踐踏，臣子便會把國君看成仇敵。」

(2)天下有達尊三①：爵一，齒一，德一②。朝廷莫如爵，鄉黨③莫如齒，輔世長民④莫如德。惡得有其一以慢其二哉⑤？故將大有為之君，必有所不召之臣⑥，欲有謀焉⑦，則就之。其尊德樂道，不如是不足與有為也。故湯之於伊尹，學焉而後臣之⑧，故不勞而王；桓公之於管仲，學焉而後臣之，故不勞而霸。（〈公孫丑下〉二）

①**達尊三**：達，公認、通行。到處都尊重的三種資格。

②**爵一**，**齒一**，**德一**：爵，官爵。齒，年齡，在此指年長。德，德行。

③**鄉黨**：古代基層社區之稱。

④**輔世長民**：輔，扶持。長，長育。維繫社會和教化人民。

⑤**惡得有其一以慢其二哉**：惡，音「屋」，疑問詞。表示君主只有爵位，怎可對既年長又有賢德之人態度輕慢？

⑥**不召之臣**：自己所禮遇敬重的臣屬，不敢召喚來見。

⑦**欲有謀焉**：希望與他商議事情。

⑧**學焉而後臣之**：先向他學習，然後才任命他為臣主政。

【語譯】天下公認為尊貴的東西有三樣：一個是爵位，一個是年齡，一個是道德。朝廷上，先論爵位；地方上，先論年齡；至於維繫社會和教化人民，自然以道德為最重要。君主只有爵位，怎可對既年長又有賢德之人態度輕慢？所以大有作為的君主，一定有他所禮遇敬重的臣屬，不敢隨意召喚來見他；若有什麼事要商量，就親自到臣子那裏去，君王要尊崇道德和樂行仁政，如果做不到，便不值得也不可能和他一起有所作為。所以商湯對於伊尹，先向伊尹學習，然後任他為臣，因此很容易便統一了天下；桓公對於管仲，也是先向他學習，然後任他為臣主政，因此很容易便稱霸於諸侯。

(3) **公孫丑曰：「伊尹曰：『予不狎于不順①。』放太甲于桐②，民大悅。太甲賢，又反之③，民大悅。賢者之爲人臣也，其君不賢，則固④可放與？」孟子曰：「有伊尹之志，則可；無伊尹之志，則篡也。」**（〈盡心上〉三一）

①**不狎于不順**：狎，親暱。不順，不循正道的人，指商王太甲。
②**放太甲于桐**：放，流放。桐，地名。
③**反之**：反同「返」。指恢復太甲王位。

④**固**：果眞。

【語譯】公孫丑說：「伊尹說：『我不親近不循正道的人。』因此，就流放太甲到桐地，人民很高興。後來太甲改過了，又迎接他回來，人民也很高興。有賢德的人做臣子，國君不好，就可以放逐他嗎？」

孟子說：「有伊尹的抱負就可以；沒有伊尹的抱負而放逐國君，就成了篡逆了。」

(4)桃應①問曰：「舜爲天子，皋陶爲士②，瞽瞍殺人③，則如之何？」

孟子曰：「執之而已矣。」

「然則舜不禁與？」

曰：「夫舜惡得而禁之？夫有所受之④也。」

「然則舜如之何？」

曰：「舜視棄天下，猶棄敝蹝⑤也。竊負而逃⑥，遵海濱而處⑦，終身訢然⑧，樂而忘天下。」（〈盡心上〉三五）

①**桃應**：人名，孟子弟子。

②**皋陶為士**：皋陶，音「高搖」，傳說中舜、禹時的大臣，剛正不阿，執掌司法。士，司法官。

③**瞽瞍殺人**：瞽瞍，音「古叟」，舜的父親，以愚昧聞名。瞽、瞍都是盲眼的意思，形容他黑白不分。瞽瞍殺人是假設的情境。

④**夫有所受之**：夫，通「彼」，指皋陶。之，指職責。指皋陶既已受命執法，他本於職責行事是不能攔阻的。

⑤**敝蹝**：蹝，音「洗」。破草鞋。

⑥**竊負而逃**：偷偷背著父親逃亡。

⑦**遵海濱而處**：依傍著海濱地區（古代人跡罕至）生活。

⑧**訢然**：訢，音「新」，同「忻」、「欣」。

【語譯】桃應問孟子：「如果舜做天子，皋陶做法官；若舜的父親瞽瞍犯殺人大罪，那該怎麼辦？」

孟子說：「皋陶依法去捉拿瞽瞍。」

桃應又問：「舜難道不加以制止嗎？」

孟子說：「舜怎麼能加以制止呢？皋陶抓人是有法律依據的啊！」

桃應又問：「那舜到底該如何處理這件事？」

孟子說：「在舜的眼中，拋棄天下和拋棄破舊的草鞋一樣，不值得留戀。他偷偷背著父親逃亡，逃到海邊隱居，一生逍遙自在，快樂得忘了天下。」

文意解析

這一節的選文，關乎大臣之責、士人的氣節和權力的界線。

第一則選文說明君臣關係裏幾種常見的形態。君主將臣屬視爲一體而用心照顧，臣屬也會視君主爲一體，如手足保護心腹般的護衛君主。君主若將臣屬看做豢養的工具，沒有敬重和道義，臣屬對君主也將毫無感情。等而下之，君主若蔑視臣屬而輕易踐踏，換來的將只有仇恨。孟子挑明了人心同然的事實，對驕橫傲慢的統治者提出了嚴正的警告。

在第二則選文裏，孟子解釋自己何以不接受齊王召見。爵位代表的是政治權威，但這僅是社會通行的權威之一。在古代，至少長幼和德行都是獨立的權威標準，可與爵位並列。因此，儘管君主握有最高的權力，也不可以對人一律招之即來、揮之即去。他得尊敬長者和賢者，更要懂得向人虛心請教。如果敬意不足，無法受教，是不可能成就功業的。換句話說，君和臣是共同擔負國家興亡、民生休戚的道義伙伴，並非只有上下統屬的權力關係。臣下有責任教導君主，不能只是一味順從而認爲自己沒有責任，更不可以逢迎助惡。這些道理，不只在君主時代有意義，對現代的政治人物及握有選舉權的公民來說，也同樣需要正確的認知。懂得節制自己所握有的政治權力，尊重社會和文化中種種權威和價值，並且誠懇地向比自己高明的人虛心學習，才能帶領大家群策群力，成就可長可久的群體事業。這是放諸四海而皆準的道理。

第三則選文討論政治的極端手段。伊尹放逐太甲，是古人耳熟能詳的歷史故事。但大臣可以放逐國君嗎？在理念上，孟子說過君主、社稷可以更換，又說「聞誅一夫紂矣」，他當然不會反對。但在歷史事實上，國君遭到罷黜、篡弒的例子史不絕書。有的是失去民心，有的則得罪權貴，或者受害於國際陰謀或宮廷鬥爭，無法一概而論。孟子扼要地指出，如伊尹般毫無私心、志在安民的大臣，才有罷黜國君的正當性。這並不是說，「因人而異，標準不一」；而是對於非常手段，更要以能否堅守核心價值做爲判準。正如現代的政治理念裏，對於革命是否合理、「公民不服從」是否正當，學者們儘管見解不盡一致，但無不秉持著戒愼恐懼的態度。

第四則選文，是有關政治責任和倫理義務相衝突的公案。弟子桃應提出一種假想情境向孟子請教：當孝順的舜成爲天子，公正嚴明的皋陶擔任司法大臣，如果這時舜的糊塗父親瞽瞍殺了人，應該怎麼處置？孟子首先說，把瞽瞍抓起來。桃應問：舜不會阻止皋陶嗎？孟子說：舜不可以干犯皋陶的職權。桃應又問：舜該怎麼辦？深愛父親的他，難道坐視父親遭到處死？對這令人爲難的處境，孟子竟提出想像不到的答案：「舜根本不會在意天子的地位，他會拋棄一切，想辦法偷偷將瞽瞍帶走。可能背著他逃到蠻荒無人的地方，快樂、安心地侍奉一輩子，忘了整個世界。」

這個假設情境引發很多不同的想法。爲什麼孟子認爲舜不能制止法官抓人，卻可以偷走犯人？爲什麼舜應該放棄天下而守著父親？公與私，情與法，孰先孰後？請你也設身處地想一想。

相關章句

孟子曰：「有事君人者①，事是君則爲容悅②者也。有安社稷臣者，以安社稷爲悅者也。有天民③者，達可行於天下而後行之者也。有大人者，正己而物正④者也。」

（〈盡心上〉十九）

①**事君人者**：事奉國君個人的人。

②**事是君則為容悅**：容，迎合。悅，討好。事奉某位國君，只求迎合討好他。

③**天民**：相對於一鄉、一國之民，天民指以天下爲己任的人。

④**正己而物正**：物，在此兼指人與事。端正自身，使其他人和事得以取法而隨之端正。

【語譯】孟子說：「有侍奉君主的臣，事奉某位國君，只求迎合討好他；有安定國家的臣，以能安定國家為自己的喜悅；有以天下為己任的人，當他的主張能行於天下時，他才去實行；有一種人格宏偉的人，他端正自身，使其他人和事得以取法而隨之端正。」

問題與討論

(1)古代的孟子對君主權威設下許多限制，現代的民主制度對政府權力又有哪些限制？兩者理念有何異同？

(2)古代的君主需要老師的指導，現代的政治領袖是否也需要指導者？誰適合扮演這種角色？

(3)當遇到「瞽瞍殺人」的情境，如果你是舜，你會怎麼做？在當今民主法治的社會裏，如果舜是總統，他能怎麼做？請與同學討論各自的想法。

第三節　王霸之辨

選文與註釋

(1)孟子曰：「以力假仁者霸①，霸必有大國；以德行仁者王②，王不待大。湯以七十里，文王以百里。以力服人者，非心服也，力不贍也；以德服人者，中心悅而誠服③也，如七十子④之服孔子也。《詩》云：『自西自東，自南自北，無思不服⑤。』此之謂也。」（〈公孫丑上〉三）

①**以力假仁者霸**：假，假借，藉由。憑恃武力、又藉仁愛的名義做號召的是霸者。

②**以德行仁者王**：以德行爲基礎、實現愛民的行動的是王者。

③**中心悅而誠服**：衷心喜歡而眞誠地佩服。

④**七十子**：孔子弟子有七十餘人，後人泛稱爲「七十子」。

⑤**自西自東，自南自北，無思不服**：出自《詩經．大雅．文王有聲》。思，語助詞。是說文王以德服人，四方歸心。

【語譯】孟子說：「憑恃武力、又藉仁愛的名義做號召的是霸者，稱霸者一定是大國，有廣大的領土和武力；以德行為基礎、實現愛民的行動的是王者，稱王者不必有廣大的領土和武力。當年商湯以七十里的領土成為王者，周文王以一百里的領土稱王。用武力征服他人，他人並不是衷心喜歡而真誠地信服，只是因為力量不足；用仁德征服他人，他人內心喜悅而真正的信服，正如七十弟子信服孔子一般。《詩經》說：『從西邊到東邊，從南邊到北邊，人民沒有不服從的。』說的就是這個道理。」

(2)孟子曰：「霸者之民，驩虞如①也；王者之民，皞皞如②也。殺之而不怨③，利之而不庸④，民日遷善而不知爲之者。夫君子所過者化⑤，所存者神⑥，上下與天地同流⑦，豈曰小補⑧之哉！」（〈盡心上〉十三）

①**驩虞如**：驩，音「歡」。驩虞猶「歡愉」。如，猶「然」。歡欣雀躍的樣子。
②**皞皞如**：皞，音「浩」。坦蕩開闊、安然自得的樣子。
③**殺之而不怨**：遭到處死的人也沒有怨恨。
④**庸**：功勞，在此作動詞用，指感恩。
⑤**君子所過者化**：過，經歷。化，感化、變化。君子所經歷過的人事都會轉化向善。
⑥**所存者神**：存，心中所主，指心意、精神。神，神妙不測、生機不息。
⑦**上下與天地同流**：與天地不息的生機相流通。
⑧**小補**：稍微補救，幫助不大。

【語譯】孟子說：「霸主治理的人民，歡欣雀躍；王道教化的人民，坦蕩開闊、安然自得。王道下的人民，遭到處死的人也沒有怨恨；給他恩惠，他也不用感恩，因為這是正常而自然的事。人民天天趨向善道，卻不知道誰使他如此。所以君子所經歷過的人事都會轉化向善，他的心意神妙莫測，他的德業可與天地不息的生機相流通，怎能說只是小有補救呢！」

(3)孟子曰：「堯舜，性之①也；湯武，身之②也；五霸，假之③也。久假而不歸④，惡知其非有⑤也！」（〈盡心上〉三十）

①**性之**：本於天性來行仁政。本章並論堯舜、湯武和五霸，可知「之」字指理想的爲政之道，即仁政。

②**身之**：切身力行仁政。表示雖非出於自然，但全心努力去做。

③**假之**：假，借用。假借仁政之名，表示動機不純。

④**久假而不歸**：久借不還。表示雖然只是借仁政爲工具，但能始終不變。

⑤**惡知其非有**：惡，音「屋」，疑問詞。怎知道他並不眞的擁有呢？表示無從分辨其眞僞。

【語譯】孟子說：「堯、舜是天性真純，不用修飾自然而行仁義的；商湯、周武是修身體道力行，以返復其天性的仁義；五霸只是假借仁義做幌子，以達到其私欲。雖然他們只是借仁政為工具，但如果久借而不還，也就無從分辨其真偽，又怎麼知道他不是真的擁有仁義呢！」

文意解析

本來「王」指的是三代的王業，「霸」則是春秋時代的霸業。不過，孟子論王霸，談的不是歷史，而是不同的政治信念。孟子認爲，解消權力衝突，建立政治理想，有王、霸之別，兩者在手段和目的上都有差別，所達到的成就也跟著不一樣。

第一則選文指出，「以力假仁」和「以德行仁」，「以力服人」和「以德服人」的對比，是王與霸的根本差別。最高的政治理想是王道，它發自內心，本於自己的德行，以人民的福祉爲目的，故而能使人心悅誠服。霸者以造福人民爲標榜，以實力爲後盾，藉此達成的是個人的成就。只要機會來臨、手段適宜，霸者也可能席捲天下，締造功業。但手段總是一時的，出於一己之私的動機，人民不會感受到眞誠，這樣的政治終究難以長久凝聚。除非人民心悅誠服，否則政治不會有堅實的基礎，爲政者也無法取得全然的正當性。孟子對霸道不無肯定，但更多批判，理由在此。

第二則選文別有趣味，孟子剖析人民心理上的微妙差異，來說明霸政和王道之所以不可同日而語。他說，霸者的人民常會感到歡欣雀躍，因爲霸者有心討好人民，時時對他們施以恩惠。王者的人民對仁政的作爲卻視爲理所當然，因爲王者只把愛民當做本分，不討好、不刻意表現自我，並不要百姓對他感恩戴德。這麼說來，豈不是霸者對人民的影響力更大嗎？不，別只看表象。受到討好的人民，在本質上不會有多少改變；而王者的人民呢，卻在不知不覺間受到君子人格風範的潛移默化，喚醒了心中本有的為善動力，能夠自己不斷地改過遷善。因為，唯有本諸人性、發自內心、不以功利為目的的領導者，才能喚醒人們內心的正向價值啊！所以孟子說，君子人格的作用，可不是聊勝於無的微弱力量，而是生生不息、足以創造美好世界的巨大動力。

第三則選文指出君主的三種境界：堯舜的愛民，純粹發自內心。商湯、武王雖非自然，但是能力行實踐，由要求自身做起，仍然是以德行為為政之本的道路。至於五霸，只是藉著仁政來成就自己的功業。不過，就算只是出於私心，只要別背離仁政，讓人民確實受到照顧，誰能分辨真心還是假借？也可以留下美名。不過，對孟子這段話，歷來有正、反兩種解讀：有人以為，孟子說的是反話，是要人從心術上分辨清楚，才不會受欺世盜名者的欺騙；另有人以為，孟子是對充滿野心的君主的勉勵——並非鼓勵他們的私心，而是不反對他們以關懷人民為手段，只要認真不斷地實踐，也可能贏得與古代聖王比肩的美名。

以上三則選文都區分王、霸，但著眼點不盡相同。綜合來說，孟子不否定常人所難免的私心，但更重視人心永恆的嚮往。如果只看一時的政治效果，人民在意的是為政者的所作所爲，能善待人民的就值得肯定，與個人的動機關係不大。但是，若從締造長治久安的社會、引人爲善的文化來說，人心最高的嚮往仍在王道的理想。何況，人品和心術如何，哪能瞞過所有的人呢？而最瞞不過的，還有自己內心的評判。

相關章句

白圭①曰：「丹之治水也愈②於禹。」孟子曰：「子過矣。禹之治水，水之道也③。是故禹以四海爲壑，今吾子以鄰國爲壑。水逆行，謂之洚水④。洚水者，洪水也，仁人之所惡也。吾子過矣。」（〈告子下〉十一）

①**白圭**：名丹，周人，仕於魏國。曾主持治水、外交、賦稅，又以經商致富，在當時聲名顯赫。

②**愈**：勝過。

③**禹之治水，水之道也**：禹治水的方法，合乎水的原理。

④**水逆行，謂之洚水**：水逆行，指水因阻塞而淹往高處。洚，音「匠」。洚水是遠古傳說中的大洪水。

【語譯】白圭說：「我治水比夏禹還好。」孟子說：「你錯了！禹治水的方法，合乎水的原理，所以夏禹是以四海為貯水的坑谷；現在，你以鄰國為貯水的坑谷；使水倒流，這叫做洚水，洚水即是洪水啊！這違反自然軌則，以鄰為壑，是仁人所厭惡的！你這是犯了大錯啊！」

問題與討論

(1)孟子認為，讓人民免於飢餓、滿足基本生活需求和接受教育，是政府無可推卸的責任。那麼，在民主政治下，國家領袖、民意代表都由選舉產生，重大政策多由民意左右。但若是制度不完善、政策不合理，公民有怎樣的責任呢？公民可採取哪些手段來盡其責任？

(2)在梁惠王的時代，政治成就的重要指標是移入人口的多寡。在號稱「全球化」的今日世界裏，身處於貧窮地區或戰亂動盪社會的人民，要逃離自己的國家，遷往適合生存的國度，仍然困難重重。這是什麼原因造成的？對於這些地區的人民，你認為該如何協助他們？

(3)你認為管理班級的手段，怎樣是王道，怎樣是霸道？你若是班上重要的幹部，面對一個秩序混亂的班級，你將採取什麼方式來管理？

第十單元

聖人氣象——生命的理想

前言

孟子樹立人性的尊嚴，對儒家人文精神貢獻極大。君子不論自我修養或治理人群，都從發揮善良本性做起，落實在待人處事之中。若達到理想境界，孟子稱之為聖人。孔子對聖人談得不多，孟子卻做了豐富的闡述，影響深遠。

宋代的儒者曾經提醒，《論語》的讀者要留意「觀聖人氣象」，意思是欣賞孔子的風範。雖然聖人的境界距離我們常人巒遙遠的，但欣賞風範，「雖不能至，心嚮往之」，這可不難吧？孟子最尊敬孔子，不過孟子討論的聖人並不限於孔子。不同的聖人會有怎樣不同的「氣象」呢？這正是本單元的重點。

第一節「尚友古人」。孟子指出：每個人都擁有成為聖人的本質，千古的聖人就是我們心靈的良友。一個個聖人各自際遇不同，看似作了不同生命抉擇，卻有著共通的本質。對聖人本質的探索，足以開拓對生命的眼界。

第二節「與人為善的大舜」。舜是孟子特別著墨的一位聖人。舜從小喪母，父親、繼母與弟弟有心害他，生命布滿了坎坷，但他居然擺脫了一切陰影，成爲感人至深的聖君。關於舜的一則則傳說，在孟子的詮釋下，讓人看見善良的本性可以釋放出多麼驚人的能量。

第三節「集大成的孔子」。聖人並非都是一個樣子，如伯夷、伊尹與柳下惠，個性大不相同。看見他們迥異的生命風範，才能進而欣賞「聖之時者」、「集大成」的孔子。理想的生命是色彩豐富的，絕不單調。

第一節　尚友古人

選文與註釋

(1)孟子謂萬章①曰：「一鄉之善士②，斯③友④一鄉之善士；一國之善士，斯友一國之善士；天下之善士，斯友天下之善士。以友天下之善士爲未足，又尚論⑤古之人。頌⑥其詩，讀其書，不知其人，可乎？是以論其世⑦也。是尚友也。」（〈萬章下〉八）

①**萬章**：齊國人，孟子弟子。

②**一鄉之善士**：在一鄉之中有德的人物。古代一國之內分成若干鄉。

③**斯**：則，就。

④**友**：動詞，與人交友。

⑤**尚論**：尙，通「上」。向上追溯、探求討論。

⑥**頌**：通「誦」，長聲吟咏以表現詩歌的聲情。

⑦**論其世**：研究他所處的時代。

【語譯】孟子對萬章說：「名聞一鄉的有德之人，就和鄉裏有德之人交朋友；名聞一國的有德之人，就和全國有德之人交朋友；名聞天下的有德之人，就和天下有德之人交朋友。如果認為和天下修德有成的人交朋友還不夠，又可再進一步向上追溯、探求討論，與古人論交。誦讀古人的詩歌，研讀古人的著作，而不知道他的為人可以嗎？因此還要研究他所處的時代；這就是向上追溯和古人交友了。」

(2)禹、稷當平世①，三過其門而不入，孔子賢之。顏子當亂世②，居於陋巷。一簞食，一瓢飲。人不堪其憂，顏子不改其樂，孔子賢之。孟子曰：「禹、稷、顏回同道

③。禹思天下有溺者，由④己溺之也；稷思天下有飢者，由己飢之也，是以如是其急也。禹、稷、顏子易地則皆然⑤。今有同室之人鬬⑥者，救之，雖被髮纓冠⑦而救之，可也。鄉鄰有鬬者，被髮纓冠而往救之，則惑也，雖閉戶可也。」（〈離婁下〉二九）

①**平世**：承平有道的時代。

②**亂世**：衰亂無道的時代。

③**同道**：指有同樣的存心，致力於修己安民的聖賢之道。

④**由**：通「猶」。下文同。

⑤**易地則皆然**：彼此交換處境，做的事也會相同。意謂使禹、稷居顏子之地，亦能樂顏子之樂；使顏子居禹、稷之任，亦能憂禹、稷之憂。

⑥**同室之人鬬**：同室之人，即家人。鬬，同「鬥」，械鬥。

⑦**被髮纓冠**：被，音「批」。纓，帽帶，此處為動詞。披頭散髮，把帽帶和帽子一起扣在頭上，來不及綁到頷下，形容無暇整理衣冠。

【語譯】夏禹和后稷處在政治承平有道的時代，夏禹忙著治水，三次路過自己的家門，都抽不出空進去，孔子稱讚他們的賢明。顏子處在衰亂無道的時代，住在簡陋的巷子裏，吃的是一小簞飯，喝的是一瓢湯水，別人忍受不了這種貧苦的生活，顏子卻不改其向道的樂趣，孔子也稱讚他的賢明。

孟子說：「夏禹、后稷和顏回都有同樣的存心，致力於修己安民的聖賢之道。夏禹想到天下有困於洪水的人，就像是自己使他們溺在水中一樣；后稷想到天下有挨餓的人，就像是自己使他們挨餓一樣：因此才這樣急迫拯救人民。如果把夏禹、后稷和顏子所處的地位互換，禹、稷也能樂顏子所樂，顏子也能憂禹、后稷所憂，都會做到進則濟世，退則修己的大道。好比現在有家人發生爭鬥，為了勸救他們，雖是披散著頭髮，來不及戴好帽子，匆忙地去勸救，也是可以的。但若是鄉裏有人發生爭鬥，也披散著頭髮，來不及戴好帽子，就匆忙去排難解紛，這就是不明事理了。即使關起門來不管，也是可以的。」

(3)滕文公爲世子①，將之楚，過宋而見孟子。孟子道性善，言必稱堯舜。

世子自楚反，復見孟子。孟子曰：「世子疑吾言乎？夫道，一而已矣②。成覵③謂齊景公曰：『彼丈夫也，我丈夫也，吾何畏彼哉？』顏淵曰：『舜何人也？予何人也？有爲者亦若是！』」（〈滕文公上〉一）

①**世子**：太子。

②**夫道，一而已矣**：道理只有一個。

③**成覸**：覸，音「件」。齊景公之勇臣。

【語譯】滕文公在做世子時，將到楚國去，路過宋國，去看望孟子。孟子講了人性本善的觀點，言談之中不離堯舜。

世子從楚國回來，又去見了孟子。孟子說：「世子懷疑我的話嗎？正道只有一個罷了。成覸曾對齊景公說：『他是男子漢大丈夫，我也是男子漢大丈夫，我幹嘛要怕他呢？』顏淵說過：『舜是什麼樣的人，我是什麼樣的人，有作為的人都能像他一樣。』」

(4)**孟子曰：「大人①者，不失其赤子之心②者也。」（〈離婁下〉十二）**

①**大人**：德行完備、令人景仰之人。

②**赤子之心**：嬰兒膚色通紅，故稱赤子。赤子之心，喻純真無僞。

【語譯】孟子說：「德行完備令人景仰的人，總會有純真無偽的品格。」

文意解析

孟子道性善、倡仁政王道，爲個人和人類群體的生命指出了向內探索、向上提升的道路。他所推崇的堯、舜、禹、文王、孔子等人，因爲充分展現了這樣的生命理想，而被稱爲「聖人」。孟子鼓勵我們：「人皆可以爲堯舜」，這些聖人一點都不遙遠。

第一則選文闡釋「尚友古人」的意義。雖然人都有著善良的本性，但生命是一步步成長起來的，必須見賢思齊，開拓心胸眼界，才不會坐井觀天而甘於鄙陋。由「一鄉之善士」到「天下之善士」，都是可以取法的對象，但隨著自己的生命境界不同，需要的朋友也不一樣。每個地方，有自己的群體和認同；每個國家，有自己的社會和風氣；能超越一切邊界，成爲「天下之善士」，才擁有海闊天空的精神世界。孟子更鼓勵我們，還必須懂得時代也是個限制，得超越短暫的現今，上追古人爲友。怎麼跟古人作朋友？孟子說：在閱讀《詩》、《書》等古代經典時，每篇作品的背後都有人物，不瞭解人物，不會瞭解作品。要瞭解人物，得認識他的生命歷程和精神世界，探究他的時代氛圍。讀書並不是只討論抽象的道理，而是要能「知人論世」，猶如與各時代的人共聚一堂，商榷古今，這就是「尚友古人」。能與歷史上偉大的靈魂對話，那種感動和啓發，將是無法衡量的寶貴經驗。

第二則選文指出，達到了聖賢的境界，儘管事功表現大不相同，但他們卻是心心相印的。如辛苦治水的禹、勤勞稼穡的稷、簞瓢自樂的顏回，這三位賢哲其實有著相同的精神——完全以仁存心，毫不在意一己的得失。瞭解這一點就不難想像，倘若顏回被付以整治洪水或教民種植那樣的重責大任，同樣會爲天下蒼生鞠躬盡瘁，如禹、稷一般；倘若禹、稷處在禮崩樂壞的亂世而一無憑藉，也能安貧樂道，跟顏回一樣。撥除所有的表象，看見眞實的心靈，才是「知人論世」的價值所在。

你是否覺得，如此崇高的人格，如此偉大的事業，我們怎麼可能望其項背？這正是第三則選文中滕文公當時的困惑。孟子告訴他：「夫道，一而已矣。」我們善良的本性，就是生命唯一的指引。你我只要願意走，自然會邁向理想的人格，聖人不過是到達了理想那端的凡人而已！所以孟子引用成覸、顏回的話，告訴世子應該如此自我期許。

第四則選文是孟子深入人心的一句名言。怎麼成就崇高的德行？保有赤子的純眞而已。純眞，就不會閃躲背離自己善良的本性，那麼，人之異於禽獸的「幾希」之處就會一直領著我們，於是居仁由義，面對種種現實而能通權達變，始終航向理想的境地。

世界各個宗教和文明，幾乎都有各自的聖哲理想，給人們特殊的啓迪。而孟子心目中的聖人最特別的地方，乃是他們並非天賦異稟，只是能讓自己平凡善良的人性，充分顯現出不平凡的光輝而已。所以，別猶豫了，來與聖人爲友吧！他們很懂得你我。

相關章句

(1)儲子①曰：「王使人瞯②夫子，果有以異於人乎？」孟子曰：「何以異於人哉？堯舜與人同耳。」（〈離婁下〉三二）

①**儲子**：齊國人。
②**瞯**：音「件」。窺視。

【語譯】齊國人儲子有一次對孟子說：「你知道嗎？齊國國君派人暗中窺視你，想看看你的長相與其他人有哪裏不同？」孟子說：「我跟其他人有什麼不同呢？古代的聖人虞舜和唐堯長得跟你我都一樣啊！」

(2)曹交問曰：「人皆可以爲堯舜，有諸？」孟子曰：「然。」（〈告子下〉二）

【語譯】曹交問道：「人人都可以做堯舜那樣的賢人，有這說法嗎？」

孟子說：「有。」

(3)孟子曰：「規矩①，方員②之至③也；聖人，人倫之至也。欲為君，盡君道；欲為臣，盡臣道。二者皆法堯、舜而已矣。」（〈離婁上〉二）

①**規矩**：規，圓規。矩，畫方形的工具。

②**方員**：方圓。

③**至**：極致，準則。

【語譯】孟子說：「圓規和曲尺，是方和圓的標準，聖人是我們為人處事的標準。所以做國君的，應該盡到做國君的道理；做臣子，應該盡到做臣子的道理：這兩種道理都學堯舜就可以了。」

問題與討論

(1)典籍記載了古聖先賢的嘉言懿行。孟子說，閱讀古代典籍，要能「頌其詩，讀其書」，「知其人」和「論其世」，才可以算是尚友古人。你覺得，這三者之間的關聯是什麼？

(2)孟子曰：「大人者，不失其赤子之心者也。」現在一般人所謂的「赤子之心」指的是不失真誠純潔的童心，你覺得孟子的「赤子之心」也是這個意思嗎？如果是的話，為什麼要強調「大人」不失「赤子之心」？如果不是的話，「赤子之心」又是什麼呢？

第二節　與人為善的大舜

選文與註釋

(1)孟子曰：「舜之居深山之中，與木石居，與鹿豕遊，其所以異於深山之野人①者幾

希。及其聞一善言，見一善行，若決江河，沛然莫之能禦也。」（〈盡心上〉十六）

①**野人**：毫無教養的山野居民。

【語譯】當初虞舜住在深山裏，與石頭樹木同處，和小鹿山豬結伴悠遊，他的模樣與行徑，跟住在山中的野人幾乎沒有兩樣。但當他聽到一句好話，看見一件善行時（從中獲得的力量），就像絕了口的江河，水勢澎湃誰也擋不住。

(2)孟子曰：「子路，人告之以有過則喜。禹聞善言則拜。大舜有大焉①：善與人同②，舍己從人③，樂取於人以爲善④。自耕稼、陶、漁⑤以至爲帝，無非取於人者。取諸人以爲善，是與人爲善⑥者也。故君子莫大乎與人爲善。」（〈公孫丑上〉八）

①**有大焉**：有，通「又」。焉，於此。又比這兩人更偉大。

②**善與人同**：認爲善是與人共有而相通的。

③**舍己從人**：舍，通「捨」。放棄自己的不足，追隨別人的優點。

④**樂取於人以為善**：樂於取法別人的優點來行善。

⑤**耕稼、陶、漁**：根據《史記．五帝本紀》，舜曾在歷山耕田，在雷澤打魚，在河濱做

陶器，都感化了當地的人，變得善良而勤奮。

⑥**與人為善**：與，動詞，支持、幫助。支持別人行善。

【語譯】孟子說：「子路這個人，不但不忌諱他人指正過失，反而會因此感到開心；夏禹則是一聽見其他人提出很好的建議，就虛心接受。舜的心胸更是寬大，認為善是與人共有而相通的，能拋棄自己的不足，追隨別人的優點，樂於吸取他人的優點來為善。從他還是個農夫開始，到他從事陶土製造、當漁夫，甚至成為君王，他都是取法他人的長處。能吸取他人之長而行善，等於讚許並幫助他人行善。君子的至高美德，就是讚許並幫助他人行善。」

(3)天下之士悅之，人之所欲也，而不足以解憂；好色①，人之所欲也，妻帝之二女②，而不足以解憂；富，人之所欲，富有天下，而不足以解憂；貴，人之所欲，貴爲天子，而不足以解憂。人悅之、好色、富、貴，無足以解憂者，惟順③於父母可以解憂。人少，則慕④父母；知好色，則慕少艾⑤；有妻子，則慕妻子；仕，則慕君，不得於君則熱中⑥。大孝終身慕父母。五十而慕者，予於大舜見之矣。（〈萬章上〉一）

①**好色**：好，音「郝」。美色。後文「好色」同。
②**妻帝之二女**：妻，動詞，娶。娶堯帝的兩個女兒娥皇、女英爲妻。
③**順**：和順。指得到父母的歡心而能接納自己。
④**慕**：思慕。
⑤**少艾**：貌美的孩童。
⑥**熱中**：躁急心熱。

【語譯】天下的士人都喜愛他，這是每個人都追求的願望，也不足以讓他消除憂愁；美麗的姑娘，是每個人都追求的願望，他娶了堯的兩個女兒，同樣不足以讓他消除憂愁；財富，是每個人都希望獲得的，富到擁有天下，都不足以讓他消除憂愁；尊貴，是每個人都希望獲得的，尊貴到做了君主，卻不足以消除憂愁。大家都喜愛他、擁有美麗的姑娘、財富和尊貴都不足以消除憂愁，只有得著父母的歡心而能接納自己，才可以消除憂愁。人在幼小的時候，就思慕父母；懂得喜歡女子，便思慕年輕而漂亮的女子；有了妻子，便思慕自己的妻室；做了官，便討好君主，得不著君主的歡心，心裏就焦躁發熱；只有最孝順的人才終身懷戀父母。到了五十歲的年紀還思慕父母的，我在舜的身上見到了。

文意解析

尙友古人的孟子，最常講到的聖人是舜和孔子，這一節我們先談舜。堯、舜的故事保留在許多文獻裏，是古人耳熟能詳的傳說。傳說故事不必然眞實，但就像現代膾炙人口的小說或電影，其中的情感要逼眞才能引起共鳴。孟子對舜的故事做了獨到的心理詮釋，他的分析精不精彩，大家來品味看看。

第一則選文，孟子指出當初舜生活在深山之中，與山野居民沒有多大差別。但舜之所以爲聖，在於他自覺善良的本性，對善言善行極爲敏銳，並有「沛然莫之能禦」的實踐力。對孟子而言，像舜這種出淤泥而不染的故事，是性善說最好的證明。

在第二則選文中，孟子說：比起努力完善自己而樂於認錯、求教的子路和禹，平凡質樸的舜更是偉大。舜一看見別人的優點，就趕緊快樂地學習。出身卑微的他，經歷過種田、製陶、捕魚，從政後又擔任許多不同的職位。自幼失學的他，哪來這麼多本事？他每到一個地方，從什麼都不會的異鄉人，不但學到生活所需的本事，還感化周遭的人們自動把每件事情做好，個個都成為好人。他們為什麼會改變？只因為舜總是快樂地學習他們的每一項優點。這種單純、無私的學習別人行善，正是與大家一同行善，可以支持鼓舞所有的人為善。這才是君子最大的美德。

第三則選文，說的是舜「一往情深」的故事。許多人認為，人是一種永遠不會滿足的動物。但一般人生命裏不滿足的是些什麼呢？是缺少衆人的愛戴吧？是沒有美好的戀人吧？是權力地位、財富享受吧？如果這些渴望都得到滿足，你還有憂愁嗎？然而，原本什麼也沒有的舜，即使忽然之間擁有了這一切，仍不足以解除心中之憂。他渴望的，始終是父母的歡心。一般而言，人所愛慕的對象會隨著成長和外誘而轉移：幼小需要呵護時依戀父母；大了點兒懂得美貌，就喜歡上俊美的同伴；結婚後愛戀著配偶；出仕就想得到君主的歡心，因而患得患失。猶如過眼雲煙般的熱愛，究竟是怎麼回事？恐怕誰也說不清楚。然而，從小不曾有過天倫之樂的舜，面對艱難的人倫處境，他的內心滿是「怨慕」——儘管有怨，卻全是出於愛戀思慕。這從少到老都不變的淒涼深情，體現了「赤子之心」的另一面，即所謂「大孝終身慕父母」。舜的生命中無限的遺憾失落，卻留給後人「人倫之至」的聖人氣象，孟子是這麼想的。

(1)孟子曾說：「聖人，人倫之至也。」（〈離婁上〉二）所謂「人倫」，是指「父子有親，君臣有義，夫婦有別，長幼有序，朋友有信」。本節提到舜的孝悌故事，除此之外，據你所知，舜在其他人倫方面是否也可以做典範？

(2)一般人都厭惡別人指正自己的錯誤，覺得失了面子，有時也會忌妒別人的長處，認為若表示佩服便矮人一截。所以，「子路聞過則喜」、「禹聞善言則拜」，實在太不容易了！然而孟子卻認為「大舜有大焉」，你同意他的說法嗎？為什麼呢？

第三節　集大成的孔子

選文與註釋

孟子曰：「伯夷，目不視惡色，耳不聽惡聲。非其君不事，非其民不使。治則進，亂則退。橫政之所出，橫民①之所止，不忍居也。思與鄉人②處，如以朝衣朝冠③坐於塗炭④也。當紂之時，居北海之濱，以待天下之清也。故聞伯夷之風者，頑夫廉⑤，懦夫有立志。

伊尹曰：『何事非君？何使非民⑥？』治亦進，亂亦進。曰：『天之生斯民也，使先知覺後知，使先覺覺後覺。予，天民之先覺者也；予將以此道覺此民也。』思天下之民，匹夫匹婦有不與被堯舜之澤者⑦，若己推而內⑧之溝中，其自任以天下之重也。

柳下惠，不羞汙君⑨，不辭小官。進不隱賢⑩，必以其道。遺佚⑪而不怨，阨窮而不憫⑫。與鄉人處，由由然⑬不忍去也。『爾為爾，我為我，雖袒裼裸裎⑭於我側，爾焉能浼⑮我哉？』故聞柳下惠之風者，鄙夫寬⑯，薄夫敦⑰。

孔子之去齊，接淅而行⑱。去魯，曰：『遲遲吾行也。』去父母國之道也。可以速而速，可以久而久，可以處⑲而處，可以仕而仕，孔子也。」

孟子曰：「伯夷，聖之清者也；伊尹，聖之任者也；柳下惠，聖之和者也；孔子，聖之時者也。孔子之謂集大成⑳。集大成也者，金聲而玉振之㉑也。金聲也者，始條理㉒也；玉振之也者，終條理也。始條理者，智之事㉓也；終條理者，聖之事㉔也。智，譬則巧㉕也；聖，譬則力也。由㉖射於百步之外也；其至，爾力也；其中，非爾力也。」（〈萬章下〉一）

①**橫政、橫民**：橫，音「橫」，去聲，不正，下句同。暴政、亂民。

②**鄉人**：指一般俗人。

③**朝衣朝冠**：上朝穿的禮服禮帽。

④**塗炭**：汙泥、黑炭。

⑤**頑夫廉**：貪頑的人也會廉潔起來。

⑥**何事非君，何使非民**：有什麼不能事奉的君王，有什麼不能使喚的人民？

⑦**與被堯舜之澤**：與，音「玉」，參加。被，蒙受。同享如堯舜之治時人民所受到的照顧。

⑧**內**：音「訥」，同「納」。

⑨**不羞汙君**：不以事奉汙下的國君爲恥。

⑩**隱賢**：隱藏自己的賢才，以免遭到妒忌。

⑪**遺佚**：被君王遺棄。

⑫**憫**：憂。

⑬**由由然**：自得其樂。

⑭**袒裼裸裎**：裼音「息」，裎音「成」。袒裼是袒露上身，裸裎是裸露全身，在此表示

放蕩無禮的行為。

⑮**浼**：音「美」，汙。

⑯**鄙夫寬**：胸襟狹窄的人變得寬宏大量。

⑰**薄夫敦**：性情刻薄的人變得敦厚。

⑱**接淅而行**：洗米後徒手承接洗米水濾掉取米，趕緊啓程。顯示急於離開。

⑲**處**：不仕。

⑳**集大成**：樂曲一個樂章為一小成，奏完全曲即「集大成」。比喻孔子將三聖人不同的德行薈萃於自己的生命中。

㉑**金聲而玉振之**：金，指鐘類樂器；聲，鳴奏。玉，指磬；振，收束。古樂包括金石絲竹匏土（陶）革木等多種樂器群，大型樂曲一般由洪大的鐘聲開始，衆音旋即加入，曲終時以清脆的磬音收束。

㉒**始條理**：從開始就有條不紊；與下文的「終條理」相對。

㉓**智之事**：屬於智慧。

㉔**聖之事**：屬於成就聖德，也就是達到德行純熟而出乎自然。

㉕**巧**：巧妙，高明。

㉖由：通「猶」。

【語譯】孟子說：「伯夷，眼睛不看淫邪的顏色，耳朵不聽淫靡的聲音。不是他理想中的仁德君王不去侍奉，不是他心目中的良善百姓不去治理。政局清明就出來做官，政局昏亂就隱居。暴政橫行的國家，亂民聚居的地方，他不忍心居住。他認為，和不知禮義的鄉人處在一起，就像穿著禮服、戴著禮帽坐在骯髒的汙泥黑炭裏一樣。當商紂王的時候，他就隱居到北海邊，等待天下的清平。所以受到伯夷氣節影響的人，就算是頑貪無知之徒，也會廉潔起來；懦弱的人，也知立志向上，獨立不屈。

伊尹說：『什麼樣的國君不可侍奉？什麼樣的人民不可使喚？』所以治世他也出來做官，亂世他也出來做官。他說：『上天生下這些人民，是讓先知事理的開導後知事理的，先覺悟道理的喚醒後覺悟道理的。我，就是人民中先覺悟道理的人，我要用這些道理去喚醒那些人民。』他認為天下的人民，無論男的女的，只要有一個享受不到如堯舜之治時人民所受到的照顧，就像是自己把他推入溝壑中一樣，他把拯救天下的重任，肩負在自己的身上。

柳下惠的為人，不以侍奉昏君為羞恥，也不嫌棄卑小的官職。出任官職時，不隱藏自己的賢才，不怕遭到妒忌，但做事一定依照正道而行。若被遺棄不用，也不會抱怨，雖然困窮，但不憂愁。他和不懂禮義的世俗之人處在一起，也悠然自得其樂，捨不得離開。他的看法是：『你是你，我是我，就算是裸露身體、放蕩無禮站在我身邊，你又哪裏能玷汙到我呢？』所以受到柳下惠風範影響的人，就是胸襟狹隘的人，也會變成寬宏大量；性情刻薄的人，也會變成敦厚。

孔子要離開齊國的時候，把米從淘米水中撈起來，等不及把飯煮好就走。要離開魯國的時候，便說：『慢慢地走吧！』這才是離開祖國應有的依戀態度啊。該速去就速去，該延緩就延緩，該退隱就退隱，該出仕就出仕，這就是孔子啊。」

孟子說：「伯夷，是聖人中最清高的；伊尹，是聖人中最勇於任事的；柳下惠，是聖人中最隨和的；孔子，是聖人中最順時而處的。孔子可以說是集三聖的長處於一身。集大成的意思，就好比奏樂時，先敲金鐘以發聲，後擊玉磬以收音，有始有終，條理分明。金鐘發聲後就有條不紊地演奏下去；直到玉磬收音，才結束整首樂曲。以樂曲為比方，人生作為如何有條不紊地開始，是屬於智的工夫；人生如何圓滿收尾，是屬於聖德成就的工夫。智，好比高明的技巧；聖，好比力氣。就像在百步以外射箭，能射得到，那是靠你的力氣；要射得中，不是光靠你的力氣，還要靠你的技巧。」

文意解析

在第一節的選文裏，孟子曾說「禹、稷、顏回同道」，從「以仁存心」強調賢哲心同理同之處。這一節的選文則首先讓我們看到三位自成一格的聖人，然後在伯夷、伊尹和柳下惠的交光互影中，映照出孔子人格的豐沛和細緻。最後，孟子又對孔子怎能達到如此不可思議的境界作了獨到的分析。我們該怎麼向聖人學習？這一章是很好的指點。

伯夷是以清高自持的聖人。根據《史記·伯夷列傳》的記載，伯夷本是孤竹國的長子，爲了成全父親的心意而推位讓國；他曾避紂而居北海之濱，面對武王伐紂卻又攔道勸阻，姜太公嘆爲「義人」，最後不食周粟而死。伯夷一生，在在表現出「有所不爲」的道德勇氣，獨行其是，不同於流俗，甚至面對衆望所歸的新興王朝也不低頭，用生命捍衛心中的眞理。稱爲「聖之清者」，伯夷當之無愧。

伊尹是以「先知先覺」自任，一心拯救天下、教化斯民的聖人。他曾「五就湯，五就桀」，終因桀不成材，才決心輔佐商湯滅夏。湯死後，孫子太甲不成器，伊尹放逐太甲，直到太甲改過遷善才重新迎回爲天子。伊尹爲天下人而出仕，爲天下人選擇天子，也爲天下人罷黜和教訓天子。他的才幹和擔當，寫下了一篇歷史的傳奇，「聖之任者」是再適當也不過的寫照。

柳下惠被形容爲「聖之和者」，是濁世中「曖曖內含光」的聖人。他三度出仕爲典獄之官，只要任職就全力以赴，對屢遭免職卻都不以爲意。他保有自己的清白光輝，卻還能親近卑微低俗的人民，贏得大家的信任。柳下惠猶如一泓洗滌人心的清泉，他的風範足以使胸襟狹隘的人轉爲寬宏，使性情刻薄的人變爲敦厚。

芳潔孤高的伯夷、爲天子之師的伊尹、如春風風人的柳下惠，各是獨一無二的典型，都能喚醒人們心中埋藏的價值，看見生命可以如何的崇高、美好。孟子稱許他們爲聖人，而且形容爲「百世之師」（見相關章句），他的意思很明白：誰說聖人都是一個樣子？

接下來，孟子帶我們重新認識孔子。

齊景公有意重用年輕的孔子，後來幡然變卦，孔子離開齊國時毫不拖泥帶水，心中了無牽掛。但是當要離開生長於斯的魯國時，孔子戀戀不捨，卻還是堅守正道，決心去國而周遊天下。他的灑脫、他的留戀，以及他到每一地方的每項抉擇，無不恰到好處，都是智慧的展現。

孟子說，伯夷、伊尹和柳下惠分別譜成了美妙的生命樂章，而孔子卻是一組包含諸多樂章的大合奏，其間既有伯夷的高潔，又有伊尹的擔當，更有柳下惠的親和。這可不是雜湊、妥協，孔子非但兼有三聖人的優點，還有著更高明的生命境界。合奏大曲的演出，從鐘聲的開場到磬音的終結，始終要條理分明，一絲不亂，處處中節。其間樂音連綿起伏，諸般樂器各有所司，無不有情思，才能成爲淋漓盡致的完美樂章。孔子的生命恰似如此，「用之則行，舍之則藏」，因時制宜，無過與不及，所以孟子讚美孔子爲「集大成者」、「聖之時者」，後人則稱做「中庸之道」。

最後，孟子爲孔子畫龍點睛：能夠達成如此豐沛的理想人格，需要努力，也需要智慧。猶如在合奏大樂章裏，第一響鐘聲就蘊含了全曲的走向。但中間每個環節都還得要細緻經營，各部呼吸相通而條理不紊，讓旋律都充實飽滿，起伏相應，才能將曲意完足的呈現，在磬音裏得到圓滿的終結。孟子把開頭的「金聲」比喻爲「智」，把曲終的「玉振」形容爲「聖」，掌握全曲要靠智慧做指引，表現完美則是努力後的成果。若再拿射箭做比喻：要射得準，得講求箭法；要射得遠，得訓練臂力。只有兩者兼備，才能百步穿楊。把一種價值發揮得淋漓盡致的聖人，猶如「力」的貫徹；能清、能和、能任且時無不宜，則繫於擇善的智慧。孔子好學不倦、下學上達的精神，是前三位聖人無法企及的，這是聖智兼備、成爲至聖的奧秘所在。

聞伯夷之風，可使「頑廉懦立」；聞柳下惠之風，可使「鄙寬薄敦」；那麼，聞孔子之風呢？子貢就曾感嘆：「夫子之牆數仞，不得其門而入，不見宗廟之美、百官之富。」一般人對風格不鮮明的孔子，反而難以欣賞。孔子不是缺乏風格，而是風格太豐富了。若要識得聖人氣象，也得自己別具慧眼呢！

相關章句

(1)孟子曰：「聖人，百世之師也，伯夷、柳下惠是也。故聞伯夷之風者，頑夫廉，懦夫有立志；聞柳下惠之風者，薄夫敦，鄙夫寬。奮乎百世之上，百世之下聞者莫不興起①也。非聖人而能若是乎？而況於親炙之②者乎？」（〈盡心下〉十五）

①**興起**：興，音「星」，感動。起，奮發。

②**親炙之**：親近聖人而接受直接的熏炙陶冶。

【語譯】孟子說：「聖人是可為百世師表的，像伯夷和柳下惠便是。所以凡是聽到伯夷風範的，貪頑的人，可變為清廉，懦弱的人，也有了志向；聽到柳下惠風範的，刻薄的人，可化為敦厚老實，狹隘的人，可化為寬宏大度。他們奮發於百世之前，而百世之後的我們，聽到的沒有不感動的。不是聖人能有這樣的感召力嗎？何況是那些直接受到熏炙陶冶的人呢！」

(2)有若曰：「豈惟民哉？麒麟①之於走獸，鳳凰②之於飛鳥，太山③之於丘垤④，河海之於行潦⑤，類也。聖人之於民，亦類也。出於其類，拔乎其萃⑥，自生民以來，未有盛於孔子也！」（〈公孫丑上〉二）

①**麒麟**：古人心目中的仁獸。走獸之長。
②**鳳凰**：古人心目中的瑞鳥。禽鳥之長。
③**太山**：就是泰山，古人心目中的神山，衆山之長。
④**丘垤**：丘，土之高者。垤，音「碟」，蟻封，蟻穴旁之墳起者。
⑤**行潦**：潦，音「老」。雨後路旁一時的積水。
⑥**拔乎其萃**：拔，特出。萃，草叢，比喻芸芸衆生。指超拔於群衆之上。

【語譯】有若說：「難道只有人類有高下之分嗎？麒麟比於走獸，鳳凰比於飛鳥，泰山比於土堆，河海比於水塘，同類相比，即可見出高下。聖人比於一般民眾，也是同類相比。但他卻遠遠高出同類，超越了這個群體，自有人類以來，沒有誰比孔子更有如此之威德的了。」

(1)《史記．孔子世家》寫道：「子曰：『不怨天，不尤人，下學而上達，知我者其天乎！』『不降其志，不辱其身，伯夷、叔齊乎！』謂『柳下惠、少連，降志辱身矣』。……我則異於是，無可無不可。」司馬遷和孟子都嚮往孔子，但在歸納孔子聖德方面，兩個人的重點有何異同？

(2)伯夷、柳下惠、伊尹、孔子四位聖人的行止不同，有內在與外在的原因，例如身分背景、外在環境及性格的不同。請根據自己的性格，思考哪位聖人可以作為你的生命典範？

第十一單元

《大學》與《中庸》(一)

前言

《論語》和《孟子》這兩部書，可說是孔子、孟子兩人生命和智慧的結晶。《大學》和《中庸》則出於不知名的作者，大約成書於戰國晚期或秦漢之際，分別對儒家思想進行統整，做了系統化和概念化的論述。

《大學》擘畫一套人文教養的宏規，指出君子把自身當成改變世界的軸心，經過修身的層層步驟，由近而遠的實踐次第，達到「止於至善」的目標。《中庸》是形上思維之作，以性善論來闡述天人合德的思想，其中既有平實的「中庸」之道，也揭示成己成物、接近宗教意味的「誠」的精神。《大學》從修己到人倫，猶如生命的橫軸；《中庸》從內省到超越，像是生命的縱軸。儘管方向不同，有些想法卻很接近，如論「誠」和「愼獨」。

本篇包括概說和《大學》、《中庸》選文，分爲六節。

第一節介紹《大學》和《中庸》的出處、流傳過程以及基本思想。

第二節選讀《大學》首章的前半段，即通稱的「三綱領」：明明德、親民、止於至善。

第三節接著讀首章的後半段，即通稱的「八條目」：格物、致知、誠意、正心、脩身、齊家、治國、平天下。第四節選取《大學》「誠意」和「平天下」的重要內容，闡明君子自修的工夫與用以平天下的「絜矩」之道。

第五節選讀《中庸》首章，從人性的根源探究自我實現的道路。第六節選讀《中庸》對「誠」的討論，認識君子「成己成物」的內在動力和創造精神。

第一節　《大學》與《中庸》概說

一、《大學》、《中庸》原本的出處與作者

先秦儒家思想是有本有源、不斷發展的學派。孔子首先揭示了「仁」，開啓一個新的精神世界，賦予「君子」人格最重要的內涵；孟子接著道性善，論仁政，體現出大丈夫的恢弘格局。這些我們都耳熟能詳。據說子夏、子游、曾子等人都有著作（也可能是由他們的後學編寫而成的），可見儒家思想朝著多種方向發展，儒者開始著書表述自己的見解。這類作品

數量繁多，原本大多單篇流傳，直到漢代，被保留下來的作品逐漸匯集成一部部書籍。《大學》和《中庸》就收進了相傳由漢儒戴聖所彙編的《禮記》（又名《小戴禮記》）。

《中庸》相傳是孔子的孫子子思（名伋）所作，儘管收入《禮記》書中，卻還是經常獨立流傳，也有些注釋討論。唐代韓愈（七六八－八二四）的弟子李翺（七七四－八三六）曾對《中庸》的心性理論做了比較深入的詮釋，成爲宋代儒學思潮的先聲。

《大學》不知何人所作，直到北宋才開始流行。朱熹根據篇中的引述，推測可能出於曾子，但證據薄弱。

北宋時，程顥（人稱明道先生，一〇三二－一〇八五）和程頤（人稱伊川先生，一〇三三－一一〇七）推崇《大學》爲「初學入德之門」，《中庸》爲「孔門傳授心法」，這種看法深深影響了後來的學者。理學派別之間的爭論，往往環繞著這兩部著作，提出自己的詮釋。

現代學者從文字和思想推敲，大多認爲《大學》和《中庸》應該都是戰國晚期到秦漢之際的作品，與曾子或子思並沒有直接關係。這兩篇作品已經擺脫《論語》、《孟子》的語錄體形式，成爲思想體系明確的論說文。因此，我們閱讀時得先掌握全篇文章結構，不能隨意的分章選讀，以免斷章取義。

二、《大學》、《中庸》納入《四書》的淵源

朱熹（一一三〇—一二〇〇）受二程兄弟的影響，認為《大學》、《中庸》是和《論語》、《孟子》關係密切的作品；加上他推測《大學》出於曾子，於是，《論語》、《大學》、《中庸》和《孟子》便分別傳達了孔子、曾子、子思和孟子這四代大儒的思想，是一脈相承的儒學「道統」之作，意義非凡。朱熹將這四部作品合稱「四子書」，簡稱「四書」，並為《論語》、《孟子》作《集注》，為《大學》、《中庸》作《章句》，合稱《四書章句集注》。朱熹曾說，《四書》是「《六經》之階梯」，這種觀念很快得到學者廣泛認同。

怎麼讀這四部書呢？朱熹認為：首先該讀《大學》，因為它提供了修身、齊家、治國、平天下的進境和理想，可以讓人超拔流俗，奠定一生學問成德的基礎。其次讀《論語》，接受孔子活潑豐富的啓發，平實而切身的學習。再來是讀《孟子》，充分認識性善的道理，從事知言養氣的工夫，開拓思想的深度。最後讀《中庸》，從內心的深刻省察出發，對天人合一的精神境界有所嚮往，追求內在與外在的和諧圓滿。

從漢代到唐代的儒學，向來以《六經》為核心經典。《六經》本是周代貴族之學的結

晶，經過代代儒者的整理、詮釋和傳習，古代豐富的歷史文化和典章制度得以藉此保存。《四書》則逐漸脫離了古代貴族政治的背景，更扣緊孔子所開啓的生命之學，關注德行修養，探索人類的心性。從程朱開始，《六經》的地位退居《四書》之後，這是儒學傳統的一場思想革命。自元代到清末，《四書章句集注》都列爲科舉考試的主要內容。近八百年來，《四書》不僅是讀書人的共同知識，也寄寓了近世中華文化的終極關懷和核心價值，甚至已經成爲東亞文化的共同資產。

三、《大學》：人文教養的宏規

「大學」一詞本有兩種意思。一是指國家培育政治人才的學府，即「太學」（古代「大」、「太」同字），另一則是指養成「大人」的學問之道。《大學》所探討的主要是後者。儒家主張：理想的政治人才要透過教育來養成，讓他們具有修己治人的能力，那就是「大人之學」。

《大學》原編入《禮記》，朱熹認爲它的內容次序有些錯亂，於是稍做改編，把全文分爲「經」一章和「傳」十章。他認爲「經」是孔子講授的綱要，包含通稱的「三綱領」和「八條目」，是全篇的總論。「三綱領」取自《大學》的第一句話，指「明明德」、「親民」（讀作「新民」）和「止於至善」；「八條目」則是「格物、致知、誠意、正心、脩身、齊家、治國、平天下」，既是八個步驟，也是八件需要學習和實踐的事。後面的十章「傳」就是對綱領、條目的申論解釋，朱熹認爲出於曾子所傳。但朱熹改本最大的特色還不是區分「經」、「傳」，而是他認爲古本的《大學》遺漏了對「格物」的解釋，於是根據程頤的思想，補寫了一段內容，稱之爲〈格物補傳〉。

不論改訂順序或增補文字，都是朱熹的大膽判斷。因此，《大學》中的「格物」究竟該怎麼解釋，成爲後世學者的熱門話題。王守仁首先主張回復古本《大學》，廢棄〈格物補傳〉，並對「格物、致知」提出截然不同的看法。此後許多學者嘗試不同的解釋，直到現今。其實，版本問題和經典文字只是導火線，實際上爭辯的重點是知識的本質，以及德行和知識的關係究竟爲何。這本是個永恆的追問，無怪乎學者間一直難有定說。

無論如何，《大學》一篇裏確切無疑的內容還是占了絕大部分。儒家認爲政治和道德有緊密的關係，孔子說「爲政以德」、「脩己以安人」，孟子也提出「天下之本在國，國之本在家，家之本在身」的說法。《大學》不只延續這修己治人的主張，更舉出「物有本末，事有終始」的先後次序，這些都是傳統文化的共同信念。

四、《中庸》：圓滿人格的實現

《中庸》也是《禮記》的一篇，唐代孔穎達和南宋朱熹都將它分爲三十三章，分合略有不同，現在大多採取朱熹的分章。

在日常語言裏，我們常說「中庸之道」，但究竟什麼是「中庸之道」呢？「中」意味著中和、不偏不倚、無過與不及，不趨向極端和對立；「庸」則含有「用」（適用、適宜）、「不易」（不變）、「平常」等含義。合成「中庸」一詞，意思就是平凡中「恰到好處」的不平凡，正如王安石的詩句：「看似尋常最奇崛，成如容易卻艱辛。」

《中庸》另一個重點是「誠」。「誠」是一種內在的動力，是創造美好和實現夢想的根源。它不是那種向外的熱切追求，而是來自上天賦予我們的善良本性，實現了這樣的本性，即是儒家所嚮往的「天人合一」。至誠無息的生命，就像天地間蓬勃的生機，可以化育萬物。至誠的人眞誠面對自我，熱心關懷他人，積極參與社會，與天道的創造精神相契合。人，可以是上天的助手，也可以是天地萬物的守護者。

《中庸》「誠」的思想很深奧嗎？很難達到嗎？其實，孟子早就說過：「萬物皆備於我，反身而誠，樂莫大焉！」當我們眞誠面對自我時，便能發現這生命的動力——至誠無息。

文化猶如生命，不停地發展著、變動著，而且無法輕易斬斷。歷經現代中國一波波反傳統的浪潮，《四書》所揭示的經典世界與文化理想如今仍然屹立，還深深影響著當代的中華文化以及東亞世界。

在認識了《論語》和《孟子》之後，讓我們再進一步探討《大學》和《中庸》的精髓。我們身處二十一世紀的多元文化，是否會與《大學》和《中庸》發生有趣的對話？就等著你來評斷！

問題與討論

(1)「大學」有個含義是「大人之學」，你心目中的「大人」，應該具備哪些條件呢？對即將進入的「大學」階段，除了想選擇的科系之外，你有什麼樣的期待？

(2)你覺得自己的個性較偏於「過」，還是「不及」？或者已符合「中庸之道」？你希望怎麼改進？請舉例說明。

第二節　《大學》一：人文教養的願景（三綱領）

選文與註釋

大學之道，在明明德①，在親民②，在止於至善③。知止④而后⑤有定⑥，定而后能靜⑦，靜而后能安⑧，安而后能慮⑨，慮而后能得⑩。物有本末，事有終始，知所先後，則近道矣。（經一章）

①**明明德**：第一個「明」是動詞，使彰顯。明德，光明美好的本性。

②**親民**：依據《大學》的後文，「親」是「新」的假借。新民，使人民的生命煥然一新。或以為可依「親民」本字解釋，指親近、關愛人民。

③**止於至善**：止，歸往。至善，最為圓滿的境地。

④**止**：即「止於至善」。

⑤**后**：通「後」。下同。

⑥**定**：生命有定向。

⑦**靜**：不被外物動搖。

⑧**安**：安心從事，毫不勉強。

⑨**慮**：熟慮精思。

⑩**得**：成就至善。

【語譯】大學的道理，在於彰顯人本有之光明美好的本性，再推己及人，使人民的生命煥然一新，而且精益求精，達到最為圓滿的境地。能夠知其所止，止於至善，生命才有定向，生命有了定向，心才能靜下來，不被外物動搖，能做到不被外物動搖，才能安心從事，毫不勉強，能夠隨遇而安，然後才能處事精當，思慮周詳；能夠思慮周詳，才能成就至善的境界。天地萬物皆有本有末，凡事都有開始和終了，能夠明白本末、終始的先後次序，就能接近大學所講的修己治人的道理了。

文意解析

以上選文，是朱熹分出的《大學》「經一章」的前半段。篇名正取自它開頭的第一句話，開宗明義地介紹了「大學」的核心價值。「大學之道」所說的「大學」有三項核心價值：「明明德」、「親（新）民」和「止於至善」。

起首三句，從朱熹開始，大家通稱爲「三綱領」，實際上只有「明明德」和「親民」兩個範疇，也就是修己和治人，「止於至善」則是不斷嚮往的理想。

《大學》所要養成的「大人」，是理想的政治領導者。不同於只關注一己得失的「小人」（一般百姓），他得承擔時代的責任，能夠以崇高的人格感召別人。到了多元的現代社會，不只政治人物，各領域的領袖和中堅也應該具有這樣的人格特質。這種人才如何養成呢？《大學》指出：首先要能發揮自己善良的天性（「明明德」），懷有啓迪人民的抱負（「親（新）民」），最後，還要不斷朝著圓滿至善的理想前進（「止於至善」）。

從內心擁有「止於至善」的觀念，到達成圓滿的境界之間，「定、靜、安、慮、得」是必經的歷程。不論追求的是道德或事業，得先知道「止於至善」（「知止」）的嚮往，才能確定人生的目標（「定」），然後才不會因爲一時的誘惑、阻撓而動搖（「靜」）。這樣的人沉靜穩重，能夠安心地浸淫其中，優遊自在（「安」）；如此全心投入，熟慮精思（「慮」），而後心領神會、水到渠成，最終才能獲得心中理想的成就（「得」）。這五個字言簡意賅，不僅精準描繪出發展的階段，也傳達了實踐者的心理素養。因此，任何成就至善的人，不僅圓滿完成了一件作品或者一項工作，還同時成就了自己心靈的品質、內在的德行。

近代著名的學者王國維在《人間詞話》裏有段名言：

古今之成大事業、大學問者，必經過三種之境界：「昨夜西風凋碧樹，獨上高樓，望盡天涯路」，此第一境也；「衣帶漸寬終不悔，為伊消得人憔悴」，此第二境也；「眾裏尋他千百度，驀然回首，那人卻在燈火闌珊處」，此第三境也。

他用三首詞的名句，將成就大事業、大學問的人的心境形容得典雅而貼切，說出了《大學》「知止」、「定、靜、安、慮、得」所描述的歷程。這該是人類共通的經驗吧？

《大學》接著指出，凡事都有本末與先後，能夠分清，就掌握了關鍵。修己治人之道當然也有本末先後，究竟何者爲本？何者當先？下一節將會詳細說明。

問題與討論

(1)你認為大學生是否應該具有承擔社會責任的使命感？在國家社會遭遇艱困危難的時候，大學生是否該有更大的責任為人群貢獻一己之力，為什麼呢？

(2)端一杯茶、啜飲一杯咖啡也能讓我們心神靜歛，但這和大學所說的「定、靜、安、慮、得」一樣嗎？你是否有屬於自己的「定、靜、安、慮、得」的體驗？請和老師同學分享。

第三節 《大學》二：修己治人的步驟（八條目）

選文與註釋

古之欲明明德於天下者，先治其國；欲治其國者，先齊①其家；欲齊其家者，先脩其身②；欲脩其身者，先正其心③；欲正其心者，先誠其意④；欲誠其意者，先致其知

⑤，致知在格物⑥。物格而后知至，知至而后意誠，意誠而后心正，心正而后身脩，身脩而后家齊，家齊而后國治，國治而后天下平。自天子以至於庶人，壹是⑦皆以脩身為本。其本亂而末治者否⑧矣，其所厚者薄，而其所薄者厚⑨，未之有也！（經一章）

①**齊**：治理。
②**脩其身**：修養自己。
③**正其心**：端正內心使之不偏頗。
④**誠其意**：使起心動念真實無偽。
⑤**致其知**：致，獲得。得到真知。
⑥**格物**：格，到達、接觸。研究人事物。
⑦**壹是**：一切，全部。
⑧**否**：沒有這種事。
⑨**所厚者薄，所薄者厚**：該注重的輕忽了，該看輕的卻重視了。即本末倒置。

【語譯】古之君子想要讓天下人都發揚自己光明美好的本性，就要先治理好自己的國家；想要治理好自己的國家，必要先治理好自己的家庭；想要治理好自己的家庭（家本義是大夫之家，後來多理解為家庭），必要先修養自己的德行；想要修養自己的德行，必要先端正自己的心使之不偏頗；想要端正內心使之不偏頗，必要先從起心動念真實無偽做起；要使起心動念真實無偽，必要獲得真知；要獲得真知，就要窮究事物的真理。深入探究人事物，明白事理，才能獲得足以自信的真知。然後，從起心動念開始，真誠不欺地依循真知而行，對每樣道理都公正不偏頗地看待，這些就是「脩身」的基礎工夫。能夠修養德行身體力行，自然一家和睦、井然有序；家庭經營得井井有條之後，才能夠治理好國家；國家的治理能夠上軌道，才能進一步使天下太平。上自天子，下至平民，都要以修身為根本，如果身不修，卻想要治國平天下，那是不可能的。把該注重的輕忽了，該看輕的卻太過重視，也就是把切近的修身、齊家看得不重要，反而去高談治國平天下，那就是本末倒置，不可能成功。

文意解析

這一節選讀的是朱熹所分《大學》「經一章」的後半。

既然大人之學的目標是要讓天下人都發揚自己光明美好的本性，那麼該怎麼做呢？依照先後的順序便是：格物、致知、誠意、正心、脩身、齊家、治國、平天下，這就是一般所稱的「八條目」。

這一段中有一句話要特別注意：「自天子以至於庶人，壹是皆以脩身爲本。」從「格物」到「脩身」，談的都是自我修養的歷程；從「齊家」到「平天下」，則是治理人群的順序。由此可知：無論身分高低，「脩身」是一切的根本。

修己之道

在自我修養方面，要談做人的「誠意」、「正心」，首先要從做學問的「格物」、「致知」著手。

要深入探究人事物，明白事理（「格物」），才能獲得足以自信的眞知（「致知」）。然後，從起心動念開始，眞誠不欺地依循眞知而行（「誠意」），就將知與行結合在一起了。更進一步，還要對每樣道理都公正不偏頗地看待（「正心」），具有寬大平正的心胸，這些就是「脩身」的基礎工夫。

「格物」、「致知」和「誠意」，是對知識的追求、價值的認定，它們的意義重大，這點不難理解。但爲什麼要談「正心」呢？「正心」是心理、態度上的自我調整和轉化，要克制自己的好惡情緒，對知識和價值不偏執、無成見，才能做出持平公正的判斷。但追求公正無偏私的判斷，是否就只容許一種立場的選擇呢？胡適有句名言：「寬容比自由更重要。」這句話乍看令人費解，但細想起來，自由能使每個人都有追求的空間，誰不喜歡？然而，要是沒有寬容的心態，那能眞正容許自由的追求？寬容也可說是「正心」的部分內涵了。

治人之道

個人身處在人群之中，小到家庭、親族，大到天下國家，都需要管理，才能建立理想的關係、和諧的秩序。

自我修養好的人，才懂得如何建立理想的家庭並善待家人；能夠善待家人，走進社會中，才能建立良好的群己關係，進而管理好人群的事務。當然，如果有更好的能力和機會，爲更多人服務，這種值得信賴的人格特質，與待人處世公正的態度，就能爲世界創造更大的福祉。

在古代，「家」指的是大夫之家，「國」指的是分封的諸侯國，「天下」則是諸侯國並存的整個世界。不可否認地，古代與現代的社會與政治形態已經有些不同了，但人還是活在群己的關係中。因此，將「脩身、齊家、治國、平天下」的道理應用在現代社會，本質還是相近的。自己就是群體的起點，每個人以自己爲中心，運用自我修養所產生的力量，在人群中如漣漪般一圈圈推動出去，世界這張大網絡也可能隨之震動。

問題與討論

(1)《大學》將理想的政治社會秩序建立在理想的人格上（「脩身」）。曹操作丞相時下令求才，說「負污辱之名，見笑之行，或不仁不孝而有治國用兵之術」，也歡迎推薦。你認為政治人才、管理人才的人格重不重要？假如你有投票權，是否會支持有能力，但道德有缺陷的政治人物？為什麼？

(2)你認為《大學》八條目所展開的次第，一定要這樣由內而外並融貫為一體嗎？請說出你認同或反對的理由。

第十二單元

《大學》與《中庸》(二)

第一節　《大學》三：誠意與絜矩之道

選文與註釋

(1)所謂誠其意者，毋自欺也。如惡惡臭①，如好好色②，此之謂自謙③，故君子必慎其獨④也！小人閒居⑤爲不善，無所不至，見君子而后厭然⑥，揜⑦其不善而著⑧其善。人之視己，如見其肺肝然，則何益⑨矣。此謂誠於中⑩，形於外，故君子必慎其獨也。曾子曰：「十目所視，十手所指，其嚴乎⑪！」富潤⑫屋，德潤身，心廣體胖⑬，故君子必誠其意。（誠意章）

①**惡惡臭**：音「物餓秀」。臭，氣味。討厭不好的氣味。
②**好好色**：「浩郝啬」。色，容顏。喜歡美好的容顏。
③**謙**：通「慊」，音「妾」。快意、滿足。
④**慎其獨**：獨，指只有自己知道的意念。君子對於自己隱微的意念特別謹慎。

⑤**閒居**：日常居處。
⑥**厭然**：音「眼」，遮遮掩掩的樣子。
⑦**揜**：音「眼」，同「掩」。遮掩隱藏。
⑧**著**：「助」。張揚。
⑨**何益**：有什麼用處。
⑩**中**：通「衷」，心。
⑪**其嚴乎**：嚴，戒懼。會感到戒慎恐懼吧！
⑫**潤**：裝飾，美化。
⑬**心廣體胖**：胖，音「盤」，安舒。心境寬泰坦蕩，身體也隨著安舒自在。

【語譯】「所謂誠其意」的意思就是說，自己不要欺騙自己，要像討厭不好的氣味，要像喜歡美好的容顏一樣發自內心，這叫做內心的快意、滿足。所以君子對於自己隱微的意念特別謹慎，不敢隨便。小人日常居處，什麼壞事都會做出來，看到君子便遮遮掩掩的，掩飾自己的壞處，而張揚自己的好處。可是別人卻能清清楚楚看見他的內心想法，如見肺肝一樣，這樣遮掩，又有什麼用處呢？這也就是內心有什麼想法，便會自然地表現出來，掩飾是很難的，所以說君子對自己隱微的意念都一定會特別謹慎。曾子說：「就像有十隻眼睛在盯著自己，有十隻手在指著自己，應會感到戒慎恐懼吧！」有錢的人把自己的房子裝飾得漂亮，有德的人把自己的身心修養得很好，心境寬泰坦蕩，身體也隨著安舒自在了。所以君子內心的意念要做到真實不欺。

(2)所謂平天下在治其國者，上老老①而民興孝，上長長②而民興弟③，上恤孤而民不倍④，是以君子有絜矩之道⑤也。所惡⑥於上，毋以使下；所惡於下，毋以事上；所惡於前，毋以先後⑦；所惡於後，毋以從⑧前；所惡於右，毋以交於左；所惡於左，毋以交於右：此之謂絜矩之道。（治國平天下章）

①**老老**：孝養老人。

②**長長**：音「掌掌」，尊敬長者。

③**弟**：通「悌」，事兄之道。

④**上恤孤而民不倍**：恤，濟助。孤，年幼而失去父母。倍，通「背」，背棄。上位者能濟助失去父母之人，那麼人民也會效法，相互關懷而不背棄。

⑤**絜矩之道**：絜，「鞋」，量度、比擬。矩，畫直角或方形的工具。指將心比心的待人之道。
⑥**惡**：音「物」，厭惡。
⑦**先後**：先，動詞，居前。對待在自己後面的人。先、後可指空間、時間、工作等多種關係。
⑧**從**：動詞，接續、跟隨。

【語譯】所謂「平天下在治其國」是說：在上位的人如能孝養自己的親老，人民就會孝順他們的父母；在上位的人如能尊敬長者，人民就會懂得事兄之道；在上位者能濟助失去父母之人，那麼人民也會效法，相互關懷而不背棄，這就是將心比心的待人之道。這道理就是所謂的絜矩之道，是在上位的人所應有的。如果我們不願意上司將不合理的事情，加在我們的身上，我們也絕對不能將不合理的事情，加諸在部屬的身上。同樣的道理，我們也不可以將部屬對我不禮貌的言行，拿來對待我的上司。我們不可以將前面的人令人討厭的言行，轉移對待後面的人；同樣的，也不可以將後面的人令我感覺討厭的言行，加在我們前面人的身上。又，我們討厭右邊之人的所作所為，也不可以將它移轉到我左邊的人去承擔，我們討厭左邊之人的所作所為，也不可以將它移轉到右邊的人去承擔，這些實例，都是說明善用將心比心，推己及人之道，也叫做絜矩的道理。

文意解析

「誠意」

儒家講究的修己治人之道，人格陶冶是關鍵。而完善的人格得從面對眞實的自己，不自欺、也不欺人做起。第一則選文朱熹稱爲「誠意章」，就是講述這個道理。

本章第一個重點，是眞實的面對自己的心，不自我欺瞞，讓「善善惡惡」像「好好色，惡惡臭」那麼眞實自然。討厭不好的氣味、喜好美麗的容顏，根據科學家證實，是從嬰兒時期就具備的本能，甚至是維持生命的一種方式。就像感官上的生理本性，「善善惡惡」應該也是一種生命的道德本能，只是它可能一閃而過，可能被忽略遺忘。因此，君子會省察自己的起心動念是否眞實無妄、心安理得？是否禁得起良心的考驗？

這修養的方法，說到底就在「愼獨」，也就是在只有自己知道的時候能誠實地面對自己，如古語所謂「君子不欺暗室」。愼其獨，不只獨處時不胡思亂想、胡作非爲，即使身處衆人之中，也得觀照自己獨知的起心動念，而且誠實以對，自我警惕。

只有君子能夠坦蕩而不自欺。若是小人，平常時時爲非作歹，一旦面對君子反而會遮掩欺瞞，文過飾非。自己明明爲惡，爲何還要遮掩？除了害怕受罰，也很可能因爲他是非之心還在，還想保有自尊，不想顯露自己的卑微罪過。其實，君子與小人最大的差別，就在是否眞誠面對這份道德的自覺。

本章第二個重點是「誠於中，形於外」。就小人而言，心中的惡念也好，爲惡後的不安也罷，都是遮掩不住的，遮掩只是掩耳盜鈴式的自欺欺人罷了。就好比有財富的人，住屋擺設總會透露出華貴的氣息；有德行的人，在顧盼笑貌、舉手投足之間，總流露寬舒自在、高貴大方的氣質，那是內涵的自然表現，是裝不出來的。因此，君子修德，時時刻刻都不鬆懈。曾子說過：即使獨處時，也要像有十隻眼睛盯著自己、十隻手指著自己那麼樣的警惕。這種「誠其意」的工夫的確戰戰兢兢，但並不是神經質。心安理得的滿足、海闊天空的境界，都是從這種工夫裏獲得的。

「絜矩之道」

第二則選文，是朱熹所定「治國平天下章」的前段。談到管理，《大學》和孔子、孟子有著相同的基本看法：政治領袖以身作則是最重要的。但並不是拿自己做標準來要求別人，而是發揮道德感染力，特別是在人們同有的情意上，領導者以自己待人的態度來引發共鳴，讓人民自發地實現人倫的價值。這是第一步，也是最關鍵的一步。

然後呢？「天下」何其大，怎麼讓它建立秩序？《大學》指出君子要在自己心中找到一把尺，實行「絜矩之道」。

「絜矩」就是拿尺來量，以畫個方形做爲比喻：上與下、左與右得一樣長，才能方正。做人也該如此，自己希望得到人家怎樣的對待，就用同樣的態度來對待他人。好比當班級幹部時，希望同學怎麼配合自己，自己就要同樣地配合其他當幹部的人；當接手別人留下的職務時，誰都不希望看到個爛攤子，那麼自己絕不要把麻煩留給接手的人。這就是以「己所不欲，勿施於人」的精神，設身處地地善待周遭的每個人。

《大學》認爲「絜矩之道」擁有奇蹟般的力量。當一個人這麼做了，身邊的人受到感動，自然而然也會跟著這麼去做；當人們一個接著一個，都實踐這個道理時，這種信念就會不斷地傳布出去。它是無法阻擋的力量，能超越國界，無遠弗屆，直到讓世界每個角落的人都受到善待與關懷。

這個道理，在位者有責任以身作則，但他並不是用政治權力來貫徹自己的意志，而是純然以人格作感召，這種作法就是儒家「王道」的核心精神。即使不是在位者，你我何嘗不能成爲「絜矩之道」的起點呢？《大學》第一章所說的「自天子以至於庶人，壹是皆以脩身爲本」，就說明了人人都可以成爲「君子」。

「絜矩之道」不只是個魔法似的理想，它也是實際在運作的正義原則。無論處理的是社會爭議或全球議題，「己所不欲，勿施於人」的恕道早已被形容爲「道德金律」（the Golden Rule），也就是普世皆然的準則。

問題與討論

(1)《大學》的「愼獨」，是指在任何處境下，都能誠實地面對自己。為什麼誠實面對自己很重要？請舉例說明。

(2)《大學》說：「誠於中，形於外。」你同不同意這句話？請舉例說明你的看法。

(3)你在生活中是否有「己所不欲，勿施於人」或「推己及人」的經驗？請舉例說明「絜矩之道」如何應用在生活中的各個層面？

第二節 《中庸》一：實現真我的藍圖

選文與註釋

天命之謂性①，率性之謂道②，脩道之謂教③。道者也，不可須臾④離也；可離非道也⑤。是故君子戒慎乎其所不睹，恐懼乎其所不聞。莫見乎隱，莫顯乎微⑥，故君子慎其獨也。喜怒哀樂之未發，謂之中⑦；發而皆中節，謂之和⑧。中也者，天下之大本⑨也；和也者，天下之達道⑩也。致⑪中和，天地位焉，萬物育焉⑫。（第一章）

①**天命之謂性**：命，命令、賦予。上天所賦予而生來本有的，是我們的本性。

②**率性之謂道**：率，遵循。道，指應循的道路。遵循本性而充分實現其價值，就是生命

之道。

③**脩道之謂教**：脩，修治、完善。教，教育、教化。透過學習、涵養等修為而得以實現生命之道，就是教育（或教化）的功能。

④**須臾**：片刻。

⑤**可離非道也**：可背離的就不是道。

⑥**莫見乎隱，莫顯乎微**：見，音「線」，通「現」，發現。沒有比隱藏的東西更容易被發現的，沒有比微細的事物更顯著易見的。

⑦**喜怒哀樂之未發，謂之中**：喜怒哀樂，泛指情感、情緒。中，不偏不倚，在此形容純粹的本性。人在種種情感未被引發之前，心中不偏不倚、純粹自然的本質，稱之為「中」。

⑧**發而皆中節，謂之和**：中，音「眾」。中節，合乎節度，無過與不及。喜怒哀樂等情感流露得恰如其分，稱之為「和」。

⑨**大本**：大本源，這是指天命之「性」，即萬物的天賦本性。

⑩**達道**：達，通達無礙。指普遍共通、放諸四海而皆準的道理。

⑪**致**：推到極致。

⑫**天地位焉，萬物育焉**：位，定位，指天高地卑，形容自然秩序。育，生生不息。能合於天地自然的秩序，使萬物得以生生不息。

【語譯】上天所賦予而生來本有的，是我們的本性，遵循本性而充分實現其價值，就是生命之道。透過學習、涵養等修為而得以實現生命之道，就是教育的功能。這個生命之道是片刻不可離開的啊！如果可背離的，就不是道了。所以，君子對於自己隱微的意念特別謹慎，不敢隨便，在人看不到的地方也要警戒謹慎，在人聽不到的地方也要惶恐畏懼。沒有比隱藏的東西意念更容易被發現的，沒有比微細的事物意念更顯著易見的。所以君子在獨處時特別謹慎。喜怒哀樂的感情在沒有發動前，叫做中；如果情感發出後都合乎節度，叫做和。中，是天下事物天賦自然的本性；和，是普遍共通、放諸四海而皆準的道理。能夠完全達到中和的地步，天地便可安居正位，萬物便可順遂生長了。

文意解析

這是《中庸》的第一章，畫出君子實現圓滿生命的藍圖。這幅藍圖植根於人性的尊貴，從認識自我和深化自我開始。但這是眞正的自我實現，其中蘊含了對世界的關懷，以及與自然萬物和諧並育的精神，並非狹隘的自我中心。

脩道之謂教：實現眞正的自我

認識自我，不能不從人性的根源談起。上天既然將本性賦予每個人，那麼，依循本性的發展，就是我們應當走的生命道路，否則就背離了自我。一切學習和努力，不過是爲了完成這個眞實的自我，避免因種種干擾而迷失了本性。

在能力上，人的確有著種種不學而能的天賦，有些人得天獨厚而資賦優異；但再好的天賦也還有發展完善的餘地。在德行上，人也有種種珍貴的本能，有些人毫不費力地擁有許多美德，但再好的個性也還有修養琢磨的必要。唯有精益求精，才能將本質的光華發揮得淋漓盡致。天性、人道和學習，三者不是對立的，而且不該分離。

個性爽直的子路，只比孔子小九歲。據說他初見夫子時，就拿「學習有什麼用？」想堵住孔子的嘴。子路自負地說：「南山之竹天生就是筆直的，砍來當箭可以直接射入犀牛的皮革。天才何必學習？」孔子從容回答：「如果你再替箭尾裝上翎羽，把箭頭磨得鋒利，是不是就能射穿得更深些？」子路霎時心服，再拜受教。

慎其獨：划向生命的深處

人生之道就應該實現眞正的自我，片刻都不要背離。因此，君子會密切關注自己的內心。對心中萌發的細微意念，即使別人看不見、聽不到，還是戰戰兢兢地謹慎自戒。願意誠實地面對自己，才能從起心動念處認識自己的缺失，而眞正端正自己的心術，成為坦蕩眞誠的人。顏回「不遷怒，不二過」的涵養，就是從這種工夫裏得來的。這是眞正的「君子」。

其實，一個人最想隱藏的東西，別人看得最清楚；自以為微小不足道的地方，反而表露得最顯著。為什麼呢？因為那是徒然的自欺。所以，君子對於自己隱微的意念特別警惕，隨時反省，才能成為眞正純正無私的人。

心理學家指出，人與人溝通的時候，非語言的行為往往占了溝通訊息的六成五以上。所以請記住，當你言不由衷時，殊不知眞正的意念早就透過許多小動作傳達了出去。這正是「莫見乎隱，莫顯乎微」啊！懂得自我要求的人，怎能不戒慎恐懼呢？

以戒愼恐懼的態度眞誠地面對、接納自己時，我們將會發現，虛假剝落見眞純。那植根於人性深處的桃花源，那他人無法侵犯的神聖空間，豁然開朗，就在眼前，不必外求。

致中和：和諧感通的世界

《中庸》說，人與宇宙萬物的生命是息息相關的。有修養的君子，時時戒慎恐懼、深刻反省，能夠始終保有純眞的心靈。當他喜怒哀樂種種情緒未被外物干擾之時，心中一片寧靜澄澈，沒有任何潛在的固著偏執，這就是「中」的狀態；當他接觸外在世界而流露情感時，總是發自眞心而恰到好處，無過與不及，這就是「和」的意境。這樣的修養若發揮到極致，人與自我、人與社會、人與自然萬物、人與存在的根源（天道），都混然一體，和諧無間，猶如一個宇宙的大家庭般休戚與共。

顏回早逝時，孔子傷心地痛哭：「噫！天喪予！天喪予！」旁人說：「先生哭得太難過了！」提醒孔子過於傷心，已超過老師與弟子間的禮數分際。這時，孔子茫然地說：「我太難過了嗎？若不是爲顏回，我哪能這麼難過呢！」但是，當其他門人對顏回因爲家貧只能薄葬一事深感不捨，想要集資厚葬時，孔子卻不同意，認爲埋葬死者，家人量力而爲就好。

以上兩件事，孔子的反應跟一般人所預期的很不一樣。孟子讚美孔子是「聖之時者」，他的反應眞的合乎中庸、恰到好處嗎？值得我們用心去體會。我們都知道要「發乎情，止乎禮」，但禮是什麼呢？禮該是一種合乎分寸的互動方式，但並不只是形式，更得寓有醇厚誠摯的心情，切合人心的眞情實意。

無論如何，喜怒哀樂等等情感要能流露得自然而和諧，既不虛矯、又不張揚，這是多麼難能可貴的涵養啊！這眞誠的心，正是推動世界邁向理想的偉大動力。

相關章句

(1)**仲尼曰：「君子中庸①，小人反中庸。君子之中庸也，君子而時中②。」**（第二章）

①**中庸**：中，合宜，不偏不倚，無過與不及。庸，隨處，平常。指行事恰到好處、平實貼切而識大體。

②**而時中**：而，能。能因時制宜，事事合宜中節。這是說明君子「中庸」的含意。

【語譯】仲尼說：「君子的所作所為，以本性良心作主，不偏不倚，履行中庸行事合宜，平實貼切的道理。相反的，自私自利，沒有道德的小人，他的所作所為，違反中庸行事合宜，平實貼切的道理。君子之所以中庸，是因為君子能因時制宜，事事合宜中節。」

(2)子曰：「舜其大知①也與！舜好問②而好察邇言③，隱惡而揚善④，執其兩端⑤，用其中於民⑥，其斯以爲舜乎！」（第六章）

①**大知**：知，音「至」，同「智」。此指擁有大智慧的人。

②**好問**：好，音「浩」。樂於向人請教。

③**察邇言**：邇，音「爾」，近。細究身邊淺近平常的建議。

④**隱惡而揚善**：別人提供的解答和意見，不好的不公開，好的就宣揚讚美，以鼓勵大家貢獻所知，也彼此尊重。

⑤**執其兩端**：把握住道理的兩面、不同的主張，來作通盤的考量。

⑥**用其中於民**：中，指恰當、公正。採取最恰當的決斷來施政化民。

【語譯】孔子說：「舜真是大智慧的人啊！他喜歡發問，又細究身邊淺近平常的建議；別人提供的解答和意見，不好的不公開，好的就宣揚讚美，以鼓勵大家貢獻所知，也彼此尊重。並把握住道理的兩端、兼顧不同的主張，進行通盤的考量，取其中道施行於民，這就是舜之所以成為舜的道理吧！」

(3)子曰：「回①之爲人也，擇乎中庸②，得一善則拳拳③服膺而弗失之矣。」（第八章）

①**回**：顏回。

②**擇乎中庸**：指經過種種努力（參上兩章所說），抉擇出應行的中庸之道。

③**拳拳**：牢牢地。

【語譯】孔子說：「顏回這個人啊！能夠抉擇出應行的中庸之道，得到一件善事，就能牢記心中，切實奉行不悖。」

問題與討論

(1)「天命之謂性，率性之謂道」，《中庸》認為，君子讓自己生命圓滿的藍圖就植根於人性。你認為人性有什麼可貴之處？如何才能永遠保有或者開發這個部分？

(2)「莫見乎隱，莫顯乎微」，這兩句看似荒謬的話是什麼意思？請舉個生活實例來說明它。

第三節　《中庸》二：圓滿人格的動力

選文與註釋

誠者自成也①，而道自道也②。誠者物之終始③，不誠無物④。是故君子誠之爲貴。誠者非自成己而已也，所以成物也。成己，仁也；成物，知⑤也；性之德⑥也，合外內之道⑦也，故時措之宜⑧也。（第二十五章）

①**誠者自成也**：誠，能完成自己。

②**道自道也**：自道的「道」，音「島」，引導。道，能引導而實現自己。

③**誠者物之終始**：物，在此指美好、值得珍惜的事物。終始，猶始終。誠乃是美好事物由萌芽到完成的動力。

④**不誠無物**：沒有眞誠，成就不了具有眞實價値的事物。

⑤**知**：音「至」，同「智」，智慧。

⑥**性之德**：指成己之仁和成物之知，都是天性中本有的美德。

⑦**合外內之道**：外，指成物；內，指成己。兼含成物和成己之道。

⑧**時措之宜**：措，施行。因時制宜。

【語譯】誠，能完成自己；道，能引導而實現自己。誠是美好事物由萌芽到完成的動力，不誠就成就不了具有真實價值的事物。所以君子把「誠」看得特別寶貴。誠，並不是僅完成自己就算了，而是要拿它來成就萬事萬物。所以要先完成自己的人格，就是仁；而成就萬事萬物，就是智。成己之仁和成物之知，都是天性中本有的美德，兼含成物和成己之道，所以時時施行，都能因時制宜。

文意解析

不誠無物

除了「中和」和「中庸」，《中庸》強調的另一個重要觀念就是「誠」。「誠」意味著「眞實無妄」、「純一不雜」，也就是生命內在的眞實力量。聽從自己內在聲音的引導，永不止息地努力實現眞實的自我，這就是「誠」，也就是我們理當服膺的生命之道。那是一切的眞實價値和美好成就的動力，倘若缺少了這生命內在的動力，就創造不出任何的美好了。

臺灣知名的舞蹈創作家林懷民，自幼成長於嘉南平原的仕紳家庭，五歲就鍾情於舞蹈與音樂的律動。這來自心靈深處的觸動與渴望，陪伴著他成長。經過長期的摸索，林懷民直到大學畢業留學美國時，才開始學習現代舞，也找到了安身立命之處。一九七三年，二十六歲的林懷民創辦臺灣第一個現代舞團「雲門舞集」。此後，他每一部舞蹈創作，都跳出屬於自己的風格，誠懇、平實而流暢，餘韻迴盪，總是令人動容。

在二〇一三年，爲了雲門四十週年慶的創作，林懷民到臺東縣池上鄉尋求靈感。他長期駐點觀察稻作的成長，體認農民對土地的熱愛與呵護，終於創作出舞作《稻禾》。他曾表示：因爲太熟悉稻田了，反而對如何呈現稻田非常困惑。他由稻禾從生長到熟成的歷程，體會到所有生命的起承轉合都有著自然脈動。猶如每一粒稻米，看似渺小尋常，卻無不蘊含偉大的歷程。

林懷民對舞蹈的熱情，源自心中眞誠的感動；若是缺少了「誠」，如何能創造那些膾炙人口的舞作呢？他每一部作品的誕生，也都如稻禾的成長，粒粒皆辛苦，也粒粒皆飽滿。

「誠者物之終始，不誠無物。」認眞的人最美麗，也只有認眞的人才能爲世界創造出美麗。所謂認眞，可不只是努力，還得是眞誠。

成己成物

「誠」可以實現自我，也能夠成就事物，通往世界。體認自己的內心，圓滿實現心中的美善，完成眞實的自我，這就是「仁」的本質。創造美好的事物而改變了世界，那就是「知」（智慧）的表現。成己的「仁」與成物的「知」，都存在於我們眞實的本性，不假他求，更沒有理由自暴自棄。

做了二十多年國道空拍攝影師的齊柏林，以「飛鳥」的角度看遍美麗與醜陋並存的臺灣。在二〇〇九年莫拉克風災時，他第一個飛進災區，看到滿目瘡痍的大地，他的心裏油然生出了非做不可的急迫感。放棄了工作和即將到手的退休金，抵押房子來貸款，他把一切投入到沒有人認爲可能的一個計畫裏。經過三年，終於誕生了《看見臺灣》這部前所未有的紀錄片，讓人們看到臺灣這片土地的美麗與哀愁，也喚醒舉國上下對生態環保的關注。他守護大地的熱情，不僅孕生一部璀璨的作品，也同時點燃了人們心中的價値。這是一則「成己成物」的眞實故事。

認識了《中庸》所說的道理，就會明白每個人的內心世界並不是一座座的孤島。種種價值就蘊藏在我們的內心裏，只要能認眞地面對，忠實地踐履，人人都有可能實現理想的自我，那是有著愛與關懷、尊重與和諧的豐富心靈，能爲這世界帶來種種美好。所謂「天人合一」，說的就是這麼簡單而又不可思議的生命奧秘，也是君子自我的圓滿實現！

相關章句

(1)好學近乎知，力行近乎仁，知恥近乎勇。……博學之①，審問②之，愼思③之，明辨④之，篤行⑤之。有弗學，學之弗能，弗措⑥也；有弗問，問之弗知，弗措也；有弗思，思之弗得，弗措也；有弗辨，辨之弗明，弗措也；有弗行，行之弗篤，弗措也。人一能之，己百之；人十能之，己千之。果能此道矣，雖愚必明，雖柔必強。（第二十章）

①**博學之**：廣博的學習。之，指所學習的對象，下同。
②**審問**：用心地請教。
③**愼思**：謹愼地思考。
④**明辨**：明白地分辨。

⑤**篤行**：徹底地實踐。

⑥**措**：放下，停止。

【語譯】喜歡研究學問就接近智了，能夠努力行善就接近仁了，知道什麼是羞恥就接近勇了……廣博地學習、用心地請教、謹慎地思考、明白地辨別、徹底地實踐。除非不學，學了而沒有學會，絕不放棄；除非不問，問了而沒有問清楚，絕不放棄；除非不想，想了而沒有想清楚，絕不放棄；除非不分辨，分辨而沒有分辨明白，絕不放棄；除非不實踐，要實踐而沒有做出成績，絕不放棄。別人學一遍就學會了的，我學他一百遍；別人學十遍就學會了的，我學他一千遍。果真能夠這樣做，即使是個笨人也會變聰明的；即使是個柔弱的人，也會變堅強。

(2)君子尊德性而道問學①，致廣大而盡精微②，極高明而道中庸③。溫故而知新，敦厚以崇禮④。（第二十七章）

①**尊德性而道問學**：道，由。重視自己天賦的善良德性，又能向人請益學習。

②**致廣大而盡精微**：學問極其廣大，而又十分精密深入。

③**極高明而道中庸**：領悟極其透徹高明，而行事又平實貼切，並不標新立異。

④**敦厚以崇禮**：敦，善待，重視。厚，情意深厚。以，而。待人既有深情厚意，又能秉持禮節。以上五句話，都顯示出「執其兩端」、不偏不倚的中庸精神。

【語譯】君子重視自己天賦的善良德性，又能向人請益學習，其學問極其廣大，而又十分精密深入，其領悟極其透徹高明，而行事又平實貼切，並不標新立異。他也時時溫習已知以增進新知，待人既有深情厚意，又能秉持禮節。

(1)《中庸》說「誠者自成也」，「不誠無物」。舉凡美好的作品、精彩的表演、成功的活動，往往需要發自內心的誠懇來完成它。你曾有這樣的經驗嗎？請分享你的體會。

(2)全球生態已經遭受嚴重破壞，請想想，我們可以採取哪些行動來守護這塊土地的自然生態呢？

中華文化基本讀本—孟子

編 著 者／孫文學校
出 版 者／孫文學校
發 行 人／張亞中
總 編 輯／閻富萍
地　　址／台北市萬芳路 60-19 號 6 樓
電　　話／(02)26647780
傳　　真／(02)26647633
E - mail ／service@ycrc.com.tw
網　　址／www.ycrc.com.tw
ISBN ／978-986-97019-2-1
初版一刷／2018 年 12 月
定　　價／新台幣 350 元

總 經 銷／揚智文化事業股份有限公司
地　　址／新北市深坑區北深路三段 260 號 8 樓
電　　話／(02)86626826
傳　　真／(02)26647633

國家圖書館出版品預行編目（CIP）資料

中華文化基本讀本：孟子 / 孫文學校編著. --
初版. -- 臺北市 : 孫文學校, 2018.12
面；　公分

ISBN 978-986-97019-2-1(平裝)

1.孟子 2.注釋

121.262　　　　107021056